Cuaderno de práctica de los

Para el hogar o la escuela

Grado 2

GO MATH!

¡VIVAN LAS MATEMÁTICAS!

INCLUYE:

- Práctica para el hogar o la escuela
- Práctica de las lecciones y preparación para las pruebas
- Cartas para la casa en español y en inglés
- Preparación para las lecciones de Grado 3

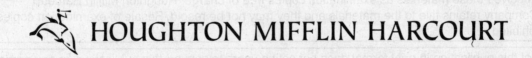

HOUGHTON MIFFLIN HARCOURT

Printed in the U.S.A.

ISBN 978-0-547-65078-4

8 9 10 1689 20 19 18 17 16 15 14 13

4500426628   ^ B C D E F G

ÁREA DE ATENCIÓN

Sentido numérico y valor posicional

Área de atención Extending understanding of base-ten notation

1 Conceptos numéricos

Área Operaciones y razonamiento algebraico
Estándares comunes CC.2.OA.3, CC.2.NBT.2, CC.2.NBT.3

2 Números hasta el 1,000

Área Números y operaciones de base diez
Estándares comunes CC.2.NBT.1, CC.2.NBT.1a, CC.2.NBT.1b, CC.2.NBT.3, CC.2.NBT.4, CC.2.NBT.8

ÁREA DE ATENCIÓN   Suma y resta

ESTÁNDARES COMUNES   **Área de atención** Building fluency with addition and subtraction

3 Operaciones básicas y relaciones

Área Operaciones y razonamiento algebraico   **Estándares comunes** CC.2.OA.1, CC.2.OA.2, CC.2.OA.4

4 Suma de 2 dígitos

Área Operaciones y razonamiento algebraico Números y operaciones de base diez
Estándares comunes CC.2.OA.1, CC.2.NBT.5, CC.2.NBT.6, CC.2.NBT.9

5   Resta de 2 dígitos

Área Operaciones y razonamiento algebraico
Números y operaciones de base diez
Estándares comunes CC.2.OA.1, CC.2.NBT.5, CC.2.NBT.9

6   Suma y resta de 3 dígitos

Área Números y operaciones de base diez
Estándares comunes CC.2.NBT.7

 **ÁREA DE ATENCIÓN** **Medida y datos**

 Área de atención Using standard units of measure

7 El dinero y la hora

Área Medida y datos
Estándares comunes CC.2.MD.7, CC.2.MD.8

8 Longitud en unidades del sistema usual

Áreas Medida y datos
Estándares comunes CC.2.MD.1, CC.2.MD.2, CC.2.MD.3, CC.2.MD.5, CC.2.MD.6, CC.2.MD.9

9 Longitud en unidades métricas

Área Medida y datos
Estándares comunes CC.2.MD.1, CC.2.MD.2, CC.2.MD.3, CC.2.MD.4, CC.2.MD.5, CC.2.MD.6

10 Datos

Área Medida y datos
Estándares comunes CC.2.MD.10

ÁREA DE ATENCIÓN

Geometría y fracciones

11 Geometría y conceptos de fracción

Área Geometría
Estándares comunes CC.2.G.1, CC.2.G.2, CC.2.G.3

Recursos para el final del año

Preparación para el Grado 3

En estas lecciones se repasan destrezas importantes
y te preparan para Grado 3.

School-Home Letter

Dear Family,

My class started Chapter 1 this week. In this chapter, I will learn about place value of 2-digit numbers and even and odd numbers.

Love, _____

Vocabulary

digits 0, 1, 2, 3, 4, 5, 6, 7, 8, and 9 are digits.

even numbers 2, 4, 6, 8, 10 . . .

odd numbers 1, 3, 5, 7, 9 . . .

Home Activity

Give your child a group of 20 small objects, such as beans. Have your child count the objects and tell how many. Then have your child pair the objects and tell whether the number is *even* or *odd*. Repeat with a different number of beans.

Literature

Look for this book at the library. Ask your child to point out math vocabulary words as you read the book together.

One Hundred Hungry Ants by Elinor J. Pinczes. Houghton Mifflin, 1993.

Capítulo 1

Carta
para la casa

Querida familia:

Mi clase comenzó el Capítulo 1 esta semana. En este capítulo, aprenderé sobre el valor posicional de los números de 2 dígitos y números pares e impares.

Con cariño, _____

Vocabulario

dígitos 0, 1, 2, 3, 4, 5, 6, 7, 8 y 9 son dígitos.

números pares 2, 4, 6, 8, 10 . . .

números impares 1, 3, 5, 7, 9 . . .

Actividad para la casa

Dé a su hijo un grupo de 20 objetos pequeños; como unos frijoles. Pídale que cuente los objetos y que diga cuántos hay. Luego pídale que los agrupe y diga si el número es *par* o *impar*. Repita con un número distinto de frijoles.

Literatura

Busque este libro en la biblioteca. Pídale a su hijo que señale palabras del vocabulario de matemáticas mientras leen juntos el libro.

One Hundred Hungry Ants por Elinor J. Pinczes. Houghton Mifflin, 1993.

Álgebra • Números pares e impares

ESTÁNDARES COMUNES CC.2.OA.3
Work with equal groups of objects to gain foundations for multiplication.

Sombrea algunos de los diez cuadros para mostrar el número. Encierra en un círculo par o impar.

1.   15

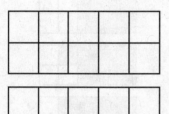

par   impar

2.   18

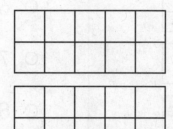

par   impar

3.   11

par   impar

4.   17

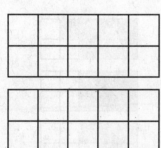

par   impar

5.   13

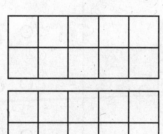

par   impar

6.   20

par   impar

RESOLUCIÓN DE PROBLEMAS EN EL MUNDO

7. El Sr. Dell tiene un número impar de ovejas y un número par de vacas en su granja. Encierra en un círculo la opción que podría referirse a su granja.

9 ovejas y 10 vacas

10 ovejas y 11 vacas

8 ovejas y 12 vacas

Revisión de la lección (CC.2.OA.3)

1. ¿Cuál de estos números es un número par?

- ○ 3
- ○ 4
- ○ 5
- ○ 9

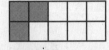

2. ¿Cuál de estos números es un número impar?

- ○ 2
- ○ 6
- ○ 7
- ○ 8

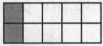
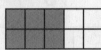

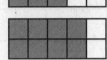

Repaso en espiral (CC.2.OA.3)

3. ¿Cuál de estos números es un número impar? (Lección 1.1)

- ○ 10
- ○ 8
- ○ 3
- ○ 4

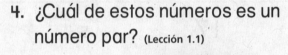

4. ¿Cuál de estos números es un número par? (Lección 1.1)

- ○ 7
- ○ 6
- ○ 5
- ○ 1

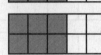
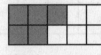

5. ¿Cuál de estos números es un número par? (Lección 1.1)

- ○ 9
- ○ 7
- ○ 5
- ○ 2

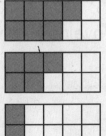

6. ¿Cuál de estos números es un número impar? (Lección 1.1)

- ○ 1
- ○ 4
- ○ 8
- ○ 10

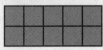

Álgebra • Representar números pares

ESTÁNDARES COMUNES CC.2.OA.3
Work with equal groups of objects to gain foundations for multiplication.

Sombrea los cuadros para mostrar dos grupos iguales por cada número. Completa el enunciado de suma para mostrar los grupos.

1. 8

___ = ___ + ___

2. 18

___ = ___ + ___

3. 10

___ = ___ + ___

4. 14

___ = ___ + ___

5. 20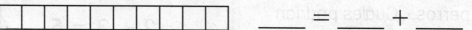

___ = ___ + ___

6. 12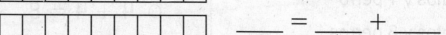

___ = ___ + ___

RESOLUCIÓN DE PROBLEMAS

Resuelve. Escribe o dibuja la explicación.

7. Los asientos de una camioneta están en pares. Hay
    16 asientos. ¿Cuántos pares de asientos hay en total?

_____ pares de asientos

Revisión de la lección (CC.2.OA.3)

1. ¿Qué total es un número par?
   - ○ $9 + 9 = 18$
   - ○ $9 + 8 = 17$
   - ○ $8 + 7 = 15$
   - ○ $6 + 5 = 11$

2. ¿Qué total es un número par?
   - ○ $1 + 2 = 3$
   - ○ $3 + 3 = 6$
   - ○ $2 + 5 = 7$
   - ○ $4 + 7 = 11$

Repaso en espiral (CC.2.OA.3)

3. ¿Cuál es un número par? (Lección 1.1)
   - ○ 7
   - ○ 9
   - ○ 10
   - ○ 13

4. ¿Cuál es un número impar? (Lección 1.1)
   - ○ 4
   - ○ 11
   - ○ 16
   - ○ 20

5. Pay tiene un número impar de gatos. También tiene un número par de perros. ¿Cuáles podrían ser las mascotas de Ray? (Lección 1.1)
   - ○ 3 gatos y 1 perro
   - ○ 3 gatos y 3 perros
   - ○ 4 gatos y 2 perros
   - ○ 5 gatos y 2 perros

6. ¿Qué total es un número par? (Lección 1.2)
   - ○ $2 + 3 = 5$
   - ○ $3 + 4 = 7$
   - ○ $4 + 4 = 8$
   - ○ $7 + 8 = 15$

Comprender el valor posicional

ESTÁNDARES COMUNES CC.2.NBT.3
Understand place value.

Encierra en un círculo el valor del dígito subrayado.

1. <u>2</u>3	**2.** 4<u>8</u> 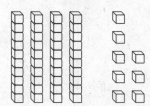	**3.** <u>1</u>8 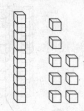
20 2	8 80	10 1
4. <u>4</u>3	**5.** <u>5</u>4 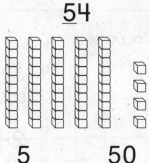	**6.** 6<u>5</u> 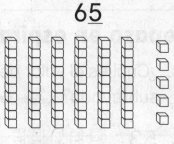
40 4	5 50	50 5
7. <u>7</u>0 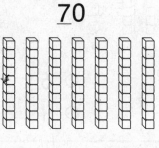	**8.** <u>3</u>7 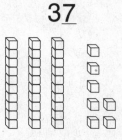	**9.** <u>2</u>2 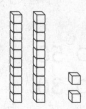
7 70	70 7	20 2

RESOLUCIÓN DE PROBLEMAS EN EL MUNDO

Escribe el número de 2 dígitos que coincida con las claves.

10. Mi número tiene un dígito de las decenas que es 8 más que el dígito de las unidades. El cero no es uno de mis dígitos.

Mi número es _____.

Revisión de la lección (CC.2.NBT.3)

1. ¿Cuál es el valor del dígito subrayado?

3<u>2</u>

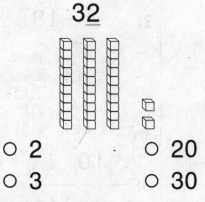

- ○ 2
- ○ 3
- ○ 20
- ○ 30

2. ¿Cuál es el valor del dígito subrayado?

<u>2</u>8

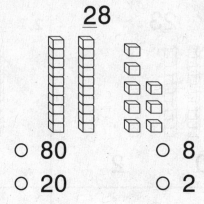

- ○ 80
- ○ 20
- ○ 8
- ○ 2

Repaso en espiral (CC.2.OA.3, CC.2.NBT.3)

3. ¿Cuál es el valor del dígito subrayado? (Lección 1.3)

<u>5</u>3

- ○ 50
- ○ 30
- ○ 8
- ○ 5

4. ¿Cuál es el valor del dígito subrayado? (Lección 1.3)

2<u>4</u>

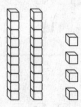

- ○ 40
- ○ 20
- ○ 6
- ○ 4

5. ¿Cuál de estas opciones es un número par de bolígrafos y un número impar de lápices?

(Lección 1.1)

- ○ 7 bolígrafos y 7 lápices
- ○ 5 bolígrafos y 4 lápices
- ○ 2 bolígrafos y 3 lápices
- ○ 2 bolígrafos y 2 lápices

6. ¿Qué total es un número par?

(Lección 1.2)

- ○ $5 + 2 = 7$
- ○ $6 + 3 = 9$
- ○ $7 + 4 = 11$
- ○ $7 + 7 = 14$

Forma desarrollada

ESTÁNDARES COMUNES CC.2.NBT.3
Understand place value.

**Haz un dibujo rápido que muestre el número.
Describe el número de dos maneras.**

1. 68

_____ decenas _____ unidades

_____ + _____

2. 21

_____ decenas _____ unidad

_____ + _____

3. 70

_____ decenas _____ unidades

_____ + _____

4. 53

_____ decenas _____ unidades

_____ + _____

5. 35

_____ decenas _____ unidades

_____ + _____

6. 47

_____ decenas _____ unidades

_____ + _____

RESOLUCIÓN DE PROBLEMAS

7. Encierra en un círculo las maneras de escribir
   el número que muestra el modelo.

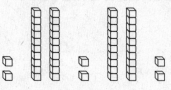

4 decenas 6 unidades   40 + 6   64

6 decenas 4 unidades   60 + 4   46

Revisión de la lección (CC.2.NBT.3)

1. ¿Cuál es una manera de describir el número 92?

   ○ 9 decenas

   ○ 2 decenas 9 unidades

   ○ 9 decenas 2 unidades

   ○ 11 decenas

2. ¿Cuál es una manera de describir el número 45?

   ○ 4 decenas 5 unidades

   ○ 5 decenas 4 unidades

   ○ 4 decenas 0 unidades

   ○ 4 decenas 9 unidades

Repaso en espiral (CC.2.NBT.3)

3. ¿Cuál es el valor del dígito subrayado? (Lección 1.3)

   49

   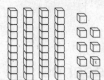

   ○ 90   ○ 9

   ○ 40   ○ 4

4. ¿Cuál es el valor del dígito subrayado? (Lección 1.3)

   34

   ○ 40   ○ 4

   ○ 30   ○ 3

5. ¿Cuál es otra manera de describir el número 76? (Lección 1.4)

   ○ 7 decenas

   ○ 6 decenas 7 unidades

   ○ 7 decenas 6 unidades

   ○ 7 decenas 13 unidades

6. ¿Cuál es otra manera de describir el número 52? (Lección 1.4)

   ○ 7 decenas 2 unidades

   ○ 2 decenas 5 unidades

   ○ 5 decenas

   ○ 5 decenas 2 unidades

Diferentes maneras de escribir números

ESTÁNDARES COMUNES CC.2.NBT.3
Understand place value.

Escribe el número de otra manera.

1. 32

_____ decenas _____ unidades

2. cuarenta y uno

_____

3. 9 decenas 5 unidades

_____

4. $80 + 3$

_____

5. 57

_____ decenas _____ unidades

6. setenta y dos

_____ + _____

7. $60 + 4$

_____

8. 4 decenas 8 unidades

_____

9. veintiocho

_____ + _____

10. 80

_____ decenas _____ unidades

RESOLUCIÓN DE PROBLEMAS

11. Un número tiene el dígito 3 en el lugar de las unidades y el dígito 4 en el lugar de las decenas. ¿Cuál de estas es otra manera de escribir el número? Enciérrala en un círculo.

$3 + 4$ $40 + 3$ $30 + 4$

Revisión de la lección (CC.2.NBT.3)

1. ¿Cuál es otra manera de escribir 3 decenas 9 unidades?

   ○ 93
   ○ 30 + 90
   ○ 90 + 3
   ○ 39

2. ¿Cuál es otra manera de escribir el número dieciocho?

   ○ 8 + 1
   ○ 81
   ○ 10 + 8
   ○ 10 + 80

Repaso en espiral (CC.2.NBT.3)

3. ¿Cuál es otra manera de escribir el número 47? (Lección 1.5)

   ○ 70 + 4
   ○ 40 + 7
   ○ 4 + 7
   ○ 40 + 70

4. ¿Cuál es otra manera de escribir el número 95? (Lección 1.5)

   ○ 50 + 9
   ○ 90 + 50
   ○ cincuenta y nueve
   ○ noventa y cinco

5. ¿Cuál es el valor del dígito subrayado? (Lección 1.3)

   6<u>1</u>

   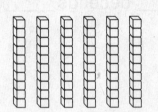

   ○ 1   ○ 7
   ○ 6   ○ 10

6. ¿Cuál es el valor del dígito subrayado? (Lección 1.3)

   <u>1</u>7

   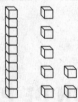

   ○ 1   ○ 10
   ○ 7   ○ 70

Diferentes maneras de mostrar números

ESTÁNDARES COMUNES CC.2.NBT.3
Understand place value.

**Los bloques muestran los números de diferentes maneras.
Describe los bloques de dos maneras.**

1. 24

_____ decenas

_____ unidades

_____ + _____

_____ decena

_____ unidades

_____ + _____

_____ decenas

_____ unidades

_____ + _____

2. 36

_____ decenas

_____ unidades

_____ + _____

_____ decena

_____ unidades

_____ + _____

_____ decenas

_____ unidades

_____ + _____

3. 45

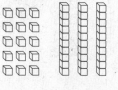

_____ decenas

_____ unidades

_____ + _____

_____ decenas

_____ unidades

_____ + _____

_____ decenas

_____ unidades

_____ + _____

RESOLUCIÓN DE PROBLEMAS EN EL MUNDO

4. Toni tiene estos bloques. Encierra
en un círculo los bloques que podría
usar para mostrar 34.

Revisión de la lección (CC.2.NBT.3)

I. ¿Qué número muestran los bloques?

2 decenas 13 unidades

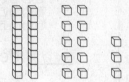

- ○ 33
- ○ 34
- ○ 43
- ○ 63

2. ¿Qué número muestran los bloques?

1 decena 16 unidades

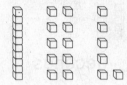

- ○ 16
- ○ 26
- ○ 31
- ○ 36

Repaso en espiral (CC.2.NBT.3)

3. ¿Qué número muestran los bloques? (Lección 1.6)

1 decena 17 unidades

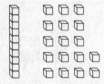

- ○ 17
- ○ 27
- ○ 42
- ○ 57

4. ¿Cuál es el valor del dígito subrayado? (Lección 1.3)

2<u>9</u>

- ○ 2
- ○ 20
- ○ 9
- ○ 90

5. ¿Cuál es otra manera de escribir 9 decenas, 3 unidades? (Lección 1.5)

- ○ 39
- ○ 30 + 9
- ○ 90
- ○ 93

6. ¿Cuántas decenas y unidades hay en el número 50? (Lección 1.4)

- ○ 0 decenas 5 unidades
- ○ 2 decenas 3 unidades
- ○ 5 decenas 0 unidades
- ○ 5 decenas 5 unidades

Resolución de problemas •
Decenas y unidades

ESTÁNDARES COMUNES CC.2.NBT.3
Understand place value.

Halla un patrón para resolver.

1. Ann agrupa 38 rocas. Las puede colocar en grupos de 10 rocas o como rocas sueltas. ¿Cuáles son las maneras en que Ann puede agrupar las rocas?

Grupos de 10 rocas	Rocas sueltas

2. El Sr. Grant necesita 30 pedazos de fieltro. Puede comprarlos en paquetes de 10 o como pedazos sueltos. ¿Cuáles son las maneras en que el Sr. Grant puede comprar el fieltro?

Paquetes de 10 pedazos	Pedazos sueltos

3. La Sra. Sims guarda 22 libros. Puede ponerlos sobre la mesa en pilas de 10 o como libros sueltos. ¿Cuáles son las maneras en que la Sra. Sims puede guardar los libros?

Pilas de 10 libros	Libros sueltos

Revisión de la lección (CC.2.NBT.3)

1. La Srta. Chang empaqueta 38 manzanas. Las puede empaquetar en bolsas de 10 manzanas o como manzanas sueltas. ¿Qué opción falta en la lista de las maneras en que la Srta. Chang puede empaquetar las manzanas?

Grupos de 10 manzanas	Manzanas sueltas
2	18
1	28
0	38

- ○ 3 bolsas, 0 manzanas
- ○ 1 bolsas, 18 manzanas
- ○ 3 bolsas, 8 manzanas
- ○ 4 bolsas, 8 manzanas

Repaso en espiral (CC.2.NBT.3)

2. ¿Cuál es el valor del dígito subrayado? (Lección 1.3)

54

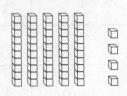

- ○ 50
- ○ 40
- ○ 5
- ○ 4

3. ¿Qué número muestran los bloques? (Lección 1.6)

2 decenas 19 unidades

- ○ 21
- ○ 29
- ○ 34
- ○ 39

4. ¿Cuál es otra manera de escribir el número 62? (Lección 1.5)

- ○ 2 decenas 6 unidades
- ○ 6 + 2
- ○ sesenta y dos
- ○ 20 + 6

5. ¿Qué número puede escribirse como 8 decenas, 6 unidades? (Lección 1.5)

- ○ 68
- ○ 86
- ○ 114
- ○ 140

Nombre _____

Patrones de conteo hasta 100

ESTÁNDARES COMUNES CC.2.NBT.2
Understand place value.

Cuenta de uno en uno.

1. 58, 59, _____, _____, _____, _____, _____

_____

Cuenta de cinco en cinco.

2. 45, 50, _____, _____, _____, _____, _____

3. 20, 25, _____, _____, _____, _____, _____

_____

Cuenta de diez en diez.

4. 20, _____, _____, _____, _____, _____, _____

_____

Cuenta hacia atrás de uno en uno.

5. 87, 86, 85, _____, _____, _____

RESOLUCIÓN DE PROBLEMAS EN EL MUNDO

6. Tim cuenta los dedos de sus amigos de cinco en cinco.
   Cuenta seis manos. ¿Qué números dice?

   5, _____, _____, _____, _____, _____

Revisión de la lección (CC.2.NBT.2)

1. ¿Qué grupo de números muestra un conteo de cinco en cinco?

   ○ 17, 18, 19, 20, 21
   ○ 70, 75, 80, 85, 90
   ○ 20, 30, 40, 50, 60
   ○ 65, 64, 63, 62, 61

2. ¿Qué grupo de números muestra un conteo de diez en diez?

   ○ 10, 11, 12, 13, 14
   ○ 20, 25, 30, 35, 40
   ○ 60, 70, 80, 90, 100
   ○ 10, 9, 8, 7, 6

Repaso en espiral (CC.2.OA.3, CC.2.NBT.2, CC.2.NBT.3)

3. ¿Qué grupo de números muestra un conteo hacia atrás de uno en uno? (Lección 1.8)

   ○ 21, 20, 19, 18, 17
   ○ 25, 30, 35, 40, 45
   ○ 88, 89, 90, 91, 92
   ○ 30, 40, 50, 60, 70

4. Se muestra un número con 2 decenas y 15 unidades. ¿Cuál de estas es una manera de escribir el número? (Lección 1.6)

   ○ quince   ○ veinte
   ○ veinticinco   ○ treinta y cinco

5. ¿Cuál es otra manera de escribir el número 72? (Lección 1.4)

   ○ 70 + 20
   ○ 70 + 2
   ○ 20 + 7
   ○ 7 + 2

6. ¿Qué total es un número par? (Lección 1.2)

   ○ 2 + 5 = 7
   ○ 3 + 6 = 9
   ○ 9 + 9 = 18
   ○ 5 + 6 = 11

Nombre _____

Patrones de conteo hasta el 1,000

ESTÁNDARES COMUNES CC.2.NBT.2
Understand place value.

Cuenta de cinco en cinco.

1. 415, 420, _____, _____, _____

2. 675, 680, _____, _____, _____

Cuenta de diez en diez.

3. 210, 220, _____, _____, _____, _____, _____

4. 840, 850, _____, _____, _____, _____

Cuenta de cien en cien.

5. 300, 400, _____, _____, _____

Cuenta hacia atrás de uno en uno.

6. 953, 952, _____, _____, _____, _____, _____

RESOLUCIÓN DE PROBLEMAS EN EL MUNDO

7. Luisa tiene un frasco con 100 monedas de 1¢.
   Agrega grupos de 10 monedas al frasco.
   Agrega 5 grupos. ¿Qué números dice?

   _____, _____, _____, _____, _____

Revisión de la lección (CC.2.NBT.2)

1. ¿Qué grupo de números muestra un conteo de diez en diez?

   ○ 875, 870, 865, 860, 855
   ○ 191, 192, 193, 194, 195
   ○ 160, 170, 180, 190, 200
   ○ 115, 120, 125, 130, 145

2. ¿Qué grupo de números muestra un conteo de cien en cien?

   ○ 850, 860, 870, 880, 890
   ○ 620, 625, 630, 635, 640
   ○ 150, 149, 148, 147, 146
   ○ 400, 500, 600, 700, 800

Repaso en espiral (CC.2.NBT.2, CC.2.NBT.3)

3. ¿Qué grupo de números muestra un conteo de cinco en cinco? (Lección 1.9)

   ○ 245, 250, 255, 260, 265
   ○ 105, 104, 103, 102, 101
   ○ 355, 455, 555, 655, 755
   ○ 550, 560, 570, 580, 590

4. ¿Qué grupo de números muestra un conteo hacia atrás de uno en uno? (Lección 1.8)

   ○ 17, 18, 19, 20, 21
   ○ 71, 70, 69, 68, 67
   ○ 25, 20, 15, 10, 5
   ○ 40, 50, 60, 70, 80

5. ¿Cuál es otra manera de describir el número 45? (Lección 1.4)

   ○ 45 decenas 0 unidades
   ○ 9 decenas 5 unidades
   ○ 5 decenas 4 unidades
   ○ 4 decenas 5 unidades

6. ¿Cuál es otra manera de escribir 7 decenas 9 unidades? (Lección 1.5)

   ○ 709
   ○ 97
   ○ 79
   ○ 16

ESTÁNDARES COMUNES CC.2.OA.3, CC.2.NBT.2, CC.2.NBT.3

Práctica adicional del Capítulo 1

Lección 1.1 (págs. 13 a 16)

Sombrea algunos de los diez cuadros para mostrar el número. Encierra en un círculo **par** o **impar**.

1. 17

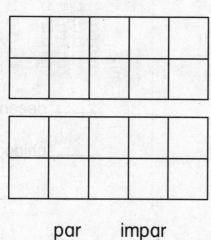

par   impar

2. 20

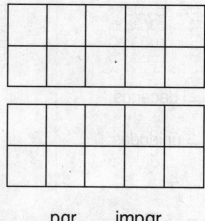

par   impar

Lección 1.3 (págs. 21 a 24)

Encierra en un círculo el valor del dígito subrayado.

1. 5<u>7</u>

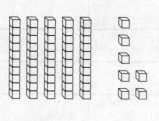

70   7

2. <u>9</u>3

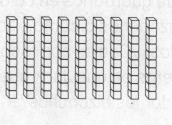

90   9

Lección 1.4 (págs. 25 a 28)

Haz un dibujo rápido que muestre el número.
Describe el número de dos maneras.

1. 22

_____ decenas _____ unidades

_____ + _____

2. 67

_____ decenas _____ unidades

_____ + _____

Lección 1.6 (págs. 33 a 36)

Los bloques muestran los números de maneras diferentes.
Describe los bloques de dos maneras.

1. 48

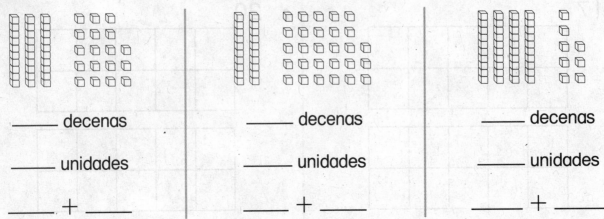

_____ decenas

_____ unidades

_____ + _____

_____ decenas

_____ unidades

_____ + _____

_____ decenas

_____ unidades

_____ + _____

Lección 1.7 (págs. 37 a 40)

Halla un patrón para resolver.

1. Jack horneó 38 bizcochos.
   Puede guardarlos en cajas de
   10 bizcochos o como bizcochos
   sueltos. ¿Cuáles son todas las
   maneras en que Jack puede
   guardar los bizcochos?

Cajas de 10 bizcochos	Bizcochos sueltos

Lecciones 1.8 y 1.9 (págs. 41 a 48)

Cuenta de diez en diez.

1. 50, _____, _____, _____, _____

Cuenta hacia atrás de uno en uno.

2. 37, 36, 35, 34, _____, _____, _____

Cuenta de cinco en cinco.

3. 455, 460, _____, _____, _____, _____, _____

Cuenta de cien en cien.

4. 100, 200, _____, _____, _____, _____

School-Home Letter

Dear Family,

My class started Chapter 2 this week. I will learn about place value of numbers to 1,000. I will also learn about comparing these numbers.

Love, _____

Vocabulary

hundred a group of 10 tens

compare To describe whether numbers are equal to, less than, or greater than one another

is equal to 145 is equal to 145

= 145 = 145

is greater than 131 is greater than 121

> 131 > 121

is less than 125 is less than 185

< 125 < 185

thousand a group of 10 hundreds

Home Activity

Have your child look through magazines for 3-digit numbers and cut them out. Work together to write a word problem using two of these numbers, gluing the cut-out numbers in place. Have your child solve the problem.

Charles collected ___127___ leaves. Ann collected ___240___ leaves. Who collected the greater number of leaves?

Literature

Reading math stories reinforces learning. Look for these books in the library.

A Place for Zero by Angeline Sparagna LoPresti and Phyllis Hornung. Charlesbridge Publishing, 2003.

More or Less by Stuart J. Murphy. HarperCollins, 2005.

Carta
para la casa

Querida familia:

Mi clase comenzó el Capítulo 2 esta semana. Aprenderé sobre el valor posicional de los números hasta el 1,000. También aprenderé a comparar estos números.

Con cariño, _____

Vocabulario

centena grupo de 10 decenas

comparar describir si los números son iguales, menores o mayores que otro número

es igual a 145 es igual a 145

= 145 = 145

es mayor que 131 es mayor que 121

> 131 > 121

es menor que 125 es menor que 185

< 125 < 185

millar grupo de 10 centenas

Actividad para la casa

Pídale a su niño que busque números de 3 dígitos en revistas y que los recorte. Luego, trabajen juntos para escribir un problema usando dos de estos números y péguenlos en su lugar. Pídale a su niño que resuelva el problema.

Charles juntó ___127___ hojas.

Ann juntó ___240___ hojas.

¿Quién juntó el mayor número de hojas?

Literatura

Leer cuentos matemáticos refuerza el aprendizaje. Busque estos libros en una biblioteca.

A Place for Zero
por Angeline Sparagna LoPresti y Phyllis Hornung. Charlesbridge Publishing, 2003.

More or Less
por Stuart J. Murphy. Harper Collins, 2005.

Agrupar decenas en centenas

ESTÁNDARES COMUNES CC.2.NBT.1a, CC.2.NBT.1b
Understand place value.

Escribe cuántas decenas hay. Encierra en un
círculo grupos de 10 decenas.
Escribe cuántas centenas hay. Escribe el número.

1.

_____ decenas

_____ centenas

_____

2.

_____ decenas

_____ centenas

_____

3.

_____ decenas

_____ centenas

_____

RESOLUCIÓN DE PROBLEMAS EN EL MUNDO

Resuelve. Escribe o dibuja la explicación.

4. El granjero Gray tiene 30 macetas.
   Plantó 10 semillas en cada maceta.
   ¿Cuántas semillas plantó?

_____ semillas

Revisión de la lección (CC.2.NBT.1a, CC.2.NBT.1b)

1. ¿Qué número tiene el mismo valor que 40 decenas?

   ○ 4010
   ○ 400
   ○ 40
   ○ 4

2. ¿Qué número tiene el mismo valor que 80 decenas?

   ○ 8
   ○ 80
   ○ 800
   ○ 8010

Repaso en espiral (CC.2.0A.3, CC.2.NBT.2, CC.2.NBT.3)

3. ¿Cuál de estas es una manera de mostrar el número 63?

   (Lección 1.6)

   ○ 5 decenas 13 unidades
   ○ 5 decenas 3 unidades
   ○ 3 decenas 6 unidades
   ○ 1 decena 63 unidades

4. ¿Qué grupo de números muestra el conteo de cinco en cinco? (Lección 1.8)

   ○ 5, 6, 7, 8, 9
   ○ 5, 10, 15, 20, 25
   ○ 50, 60, 70, 80, 90
   ○ 50, 51, 52, 53, 54, 55

5. Carlos tiene 58 lápices. ¿Cuál es el valor del dígito 5 en este número? (Lección 1.3)

   ○ 5
   ○ 8
   ○ 13
   ○ 50

6. ¿Qué total es un número par?

   (Lección 1.2)

   ○ $2 + 3 = 5$
   ○ $4 + 4 = 8$
   ○ $5 + 6 = 11$
   ○ $8 + 7 = 15$

Explorar números de 3 dígitos

ESTÁNDARES COMUNES CC.2.NBT.1
Understand place value.

Encierra en un círculo las decenas
para formar 1 centena. Escribe el
número de diferentes maneras.

1.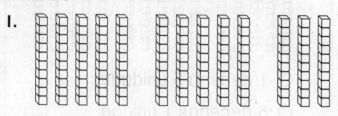

_____ decenas

_____ centena _____ decenas

2.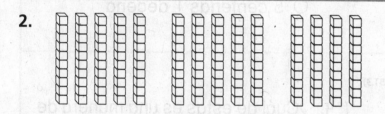

_____ decenas

_____ centena _____ decenas

3.

_____ decenas

_____ centena _____ decenas

_____

RESOLUCIÓN DE PROBLEMAS EN EL MUNDO

Resuelve. Escribe o dibuja la explicación.

4. Millie tiene una caja de 1 centena
    de cubos. También tiene una bolsa
    de 70 cubos. ¿Cuántos trenes de
    10 cubos puede formar?

_____ trenes de 10 cubos

Revisión de la lección (CC.2.NBT.1)

1. ¿Qué opción tiene el mismo valor que 12 decenas?

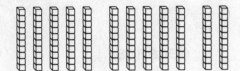

- ○ 2 centenas 2 decenas
- ○ 1 centena 2 decenas
- ○ 2 decenas 1 unidad
- ○ 1 decena 2 unidades

2. ¿Qué opción tiene el mismo valor que 15 decenas?

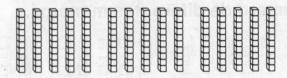

- ○ 1 decena 5 unidades
- ○ 5 decenas 1 unidad
- ○ 1 centena 5 decenas
- ○ 5 centenas 1 decena

Repaso en espiral (CC.2.OA.3, CC.2.NBT.3)

3. ¿Cuál de estos es un número impar? (Lección 1.1)

- ○ 18
- ○ 10
- ○ 9
- ○ 4

4. ¿Cuál de estas es una manera de mostrar el número 35? (Lección 1.6)

- ○ 2 decenas 15 unidades
- ○ 3 decenas 0 unidades
- ○ 3 decenas 15 unidades
- ○ 5 decenas 3 unidades

5. ¿Cuál de estas es otra manera de describir 78? (Lección 1.4)

- ○ 7 + 8
- ○ 70 + 8
- ○ 70 + 80
- ○ 80 + 7

6. ¿Cuál de estas es otra manera de escribir 55? (Lección 1.5)

- ○ 15 + 5
- ○ 25
- ○ cincuenta
- ○ 5 decenas 5 unidades

Nombre _____

Hacer un modelo de números de 3 dígitos

ESTÁNDARES COMUNES CC.2.NBT.1
Understand place value.

Escribe cuántas centenas, decenas y unidades hay.

Muestra con ▨ ▬. Luego haz un dibujo rápido.

1. 118

Centenas	Decenas	Unidades

2. 246

Centenas	Decenas	Unidades

3. 143

Centenas	Decenas	Unidades

4. 237

Centenas	Decenas	Unidades

RESOLUCIÓN DE PROBLEMAS

5. Escribe el número que coincida con las pistas.

- Mi número tiene 2 centenas.
- El dígito de las decenas tiene 9 más que el dígito de las unidades.

Centenas	Decenas	Unidades

Mi número es _____.

Revisión de la lección (CC.2.NBT.1)

1. ¿Qué número muestran estos bloques?

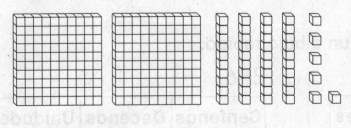

Centenas	Decenas	Unidades

246	264	462	642
○	○	○	○

Repaso en espiral (CC.2.OA.3, CC.2.NBT.1a, CC.2.NBT.1b, CC.2.NBT.3)

2. ¿Qué número tiene el mismo valor que 28 decenas? (Lección 2.1)

- ○ 28
- ○ 280
- ○ 2800
- ○ 2810

3. ¿Cuál de estas es otra manera de describir 59? (Lección 1.4)

- ○ 90 + 50
- ○ 90 + 5
- ○ 50 + 9
- ○ 5 + 9

4. ¿Cuál de estos es un número impar? (Lección 1.1)

- ○ 11
- ○ 12
- ○ 18
- ○ 20

5. ¿Cuál de estas es otra manera de mostrar el número 73? (Lección 1.6)

- ○ 3 decenas 7 unidades
- ○ 7 decenas 3 unidades
- ○ 30 decenas 7 unidades
- ○ 70 decenas 3 unidades

Centenas, decenas y unidades

ESTÁNDARES COMUNES CC.2.NBT.1
Understand place value.

Escribe cuántas centenas, decenas y
unidades hay en el modelo. Escribe
el número de dos maneras.

I.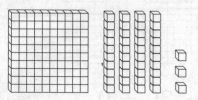

Centenas	Decenas	Unidades

_____ + _____ + _____

_____

2.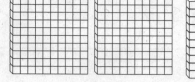

Centenas	Decenas	Unidades

_____ + _____ + _____

_____

3.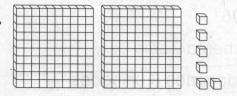

Centenas	Decenas	Unidades

_____ + _____ + _____

_____

RESOLUCIÓN DE PROBLEMAS

4. Escribe el número que responde el acertijo.
   Usa la tabla.
   Un modelo de mi número tiene 6 bloques de unidades, 2 bloques
   de centenas y 3 bloques de decenas. ¿Qué número soy?

Centenas	Decenas	Unidades

_____

Revisión de la lección (CC.2.NBT.1)

1. ¿Cuál es otra manera de escribir el número 254?

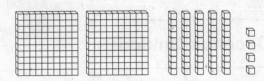

- ○ 200 + 50 + 4
- ○ 400 + 20 + 5
- ○ 400 + 50 + 2
- ○ 500 + 40 + 3

2. ¿Cuál es otra manera de escribir el número 307?

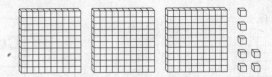

- ○ 700 + 30 + 0
- ○ 300 + 0 + 7
- ○ 30 + 70 + 0
- ○ 0 + 3 + 7

Repaso en espiral (CC.2.OA.3, CC.2.NBT.1a, CC.2.NBT.1b, CC.2.NBT.3)

3. ¿Cuál de estas es una manera de describir 83? (Lección 1.4)

- ○ 8 + 3
- ○ 8 + 30
- ○ 80 + 3
- ○ 80 + 30

4. ¿Cuál es otra manera de escribir 86? (Lección 1.5)

- ○ 806
- ○ ochenta y seis
- ○ 6 decenas 8 unidades
- ○ 8 + 6

5. ¿Qué número tiene el mismo valor que 32 decenas? (Lección 2.1)

- ○ 32
- ○ 320
- ○ 3200
- ○ 3210

6. ¿Cuál de estos es un número impar? (Lección 1.1)

- ○ 2
- ○ 6
- ○ 10
- ○ 17

Valor posicional hasta el 1,000

ESTÁNDARES COMUNES CC.2.NBT.1
Understand place value.

Encierra en un círculo el valor o el significado del dígito subrayado.

1. 3<u>3</u>7	3	30	300
2. 46<u>2</u>	200	20	2
3. <u>5</u>72	5	50	500
4. 56<u>7</u>	7 unidades	7 decenas	7 centenas
5. <u>4</u>62	4 centenas	4 unidades	4 decenas
6. <u>1</u>,000	1 decena	1 centena	1 millar

RESOLUCIÓN DE PROBLEMAS

7. Escribe el número de 3 dígitos que responde el acertijo.

   • Tengo el mismo dígito en mis centenas y en mis unidades.

   • El valor del dígito de mis decenas es 50.

   • El valor del dígito de mis unidades es 4.   El número es _____

Revisión de la lección (CC.2.NBT.1)

1. ¿Cuál es el valor del dígito subrayado?

3̲15

○   3
○   30
○   33
○ 300

2. ¿Cuál es el significado del dígito subrayado?

64̲8

○ 4 unidades
○ 4 decenas
○ 4 centenas
○ 4 millares

Repaso en espiral (CC.2.OA.3, CC.2.NBT.1, CC.2.NBT.3)

3. ¿Qué número se puede escribir como 40 + 5? (Lección 1.4)

○   4
○   9
○ 45
○ 54

4. ¿Qué opción tiene el mismo valor que 14 decenas? (Lección 2.2)

○ 140
○ 104
○ 40
○ 14

---

5. ¿Cuál de estas es una manera de mostrar el número 26? (Lección 1.6)

○ 6 decenas 2 unidades
○ 2 decenas 2 unidades
○ 1 decena 16 unidades
○ 1 decena 6 unidades

6. ¿Cuál de estos es un número par? (Lección 1.1)

○   7
○ 16
○ 21
○ 25

Nombres de los números

ESTÁNDARES COMUNES CC.2.NBT.3
Understand place value.

Escribe el número.

1. doscientos treinta y dos

   _____

2. quinientos cuarenta y cuatro

   _____

3. ciento cincuenta y ocho

   _____

4. novecientos cincuenta

   _____

5. cuatrocientos veinte

   _____

6. seiscientos setenta y ocho

   _____

Escribe el número en palabras.

7. 317

   _____

8. 457

   _____

RESOLUCIÓN DE PROBLEMAS EN EL MUNDO

Encierra en un círculo la respuesta.

9. Seiscientos veintiséis niños asisten a la Escuela Elm Street. ¿De qué otra manera se puede escribir este número?

   266   626   662

Revisión de la lección (CC.2.NBT.3)

1. ¿De qué otra manera se puede escribir el número 851?

   ○ ciento cincuenta y ocho

   ○ quinientos dieciocho

   ○ quinientos ochenta y uno

   ○ ochocientos cincuenta y uno

2. ¿De qué otra manera se puede escribir el número doscientos sesenta?

   ○ 206

   ○ 216

   ○ 260

   ○ 266

Repaso en espiral (CC.2.NBT.1, CC.2.NBT.2)

3. ¿Cuál de estos números tiene el dígito 8 en la posición de las decenas? (Lección 2.5)

   ○ 280

   ○ 468

   ○ 508

   ○ 819

4. ¿Qué número muestran estos bloques? (Lección 2.3)

   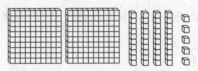

   ○ 209   ○ 425

   ○ 245   ○ 542

5. ¿Qué grupo de números muestra un conteo de cinco en cinco?

   (Lección 1.9)

   ○ 650, 655, 660, 665

   ○ 555, 655, 755, 855

   ○ 550, 560, 570, 580

   ○ 540, 541, 542, 543

6. Sam tiene 128 canicas. ¿Cuántas centenas hay en este número?

   (Lección 2.4)

   ○ 110

   ○ 100

   ○ 10

   ○ 1

Diferentes formas de los números

ESTÁNDARES COMUNES CC.2.NBT.3
Understand place value.

Lee el número y haz un dibujo rápido.
Luego escribe el número de diferentes maneras.

1. doscientos cincuenta y uno

_____ centenas _____ decenas _____ unidad

_____ + _____ + _____

_____

2. trescientos doce

_____ centenas _____ decena _____ unidades

_____ + _____ + _____

_____

3. doscientos siete

_____ centenas _____ decenas _____ unidades

_____ + _____ + _____

_____

RESOLUCIÓN DE PROBLEMAS EN EL MUNDO

Escribe el número de otra manera.

4. $200 + 30 + 7$

_____

5. 895

_____

Revisión de la lección (CC.2.NBT.3)

1. ¿De qué otra manera se puede escribir el número 392?

   ○ $300 + 90 + 2$

   ○ $300 + 19 + 2$

   ○ $200 + 90 + 3$

   ○ $200 + 30 + 9$

2. ¿De qué otra manera se puede escribir el número 271?

   ○ 1 centena 7 decenas 2 unidades

   ○ 2 centenas 1 decena 7 unidades

   ○ 2 centenas 2 decenas 7 unidades

   ○ 2 centenas 7 decenas 1 unidad

Repaso en espiral (CC.2.NBT.1, CC.2.NBT.3)

3. ¿Cuál es el valor del dígito subrayado? (Lección 1.3)

   5̲6

   ○ 5   ○ 50

   ○ 6   ○ 60

4. ¿Qué número muestran estos bloques? (Lección 2.3)

   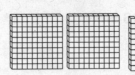

   ○ 221   ○ 210

   ○ 212   ○ 122

5. ¿De qué otra manera se puede escribir el número 75? (Lección 1.5)

   ○ 705

   ○ $70 + 5$

   ○ setenta y uno

   ○ 5 decenas 7 unidades

6. ¿Qué número puede escribirse como $60 + 3$? (Lección 1.4)

   ○ 6

   ○ 9

   ○ 36

   ○ 63

Álgebra • Diferentes maneras de mostrar números

ESTÁNDARES COMUNES CC.2.NBT.3
Understand place value.

Escribe cuántas centenas, decenas y unidades hay en el modelo.

1. 135

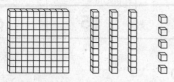

Centenas	Decenas	Unidades

Centenas	Decenas	Unidades

2. 216

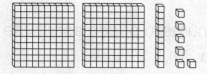

Centenas	Decenas	Unidades

Centenas	Decenas	Unidades

RESOLUCIÓN DE PROBLEMAS EN EL MUNDO

Los marcadores se venden en cajas, paquetes o como marcadores sueltos. Cada caja tiene 10 paquetes. Cada paquete tiene 10 marcadores.

3. Haz dibujos que muestren dos maneras de comprar 276 marcadores.

Revisión de la lección (CC.2.NBT.3)

1. ¿Cuál de los siguientes números muestra este número de centenas, decenas y unidades?

Centenas	Decenas	Unidades
1	2	18

○ 128
○ 129
○ 138
○ 148

2. ¿Cuál de los siguientes números muestra este número de centenas, decenas y unidades?

Centenas	Decenas	Unidades
2	15	6

○ 256
○ 266
○ 316
○ 356

Repaso en espiral (CC.2.NBT.3)

3. ¿Qué número puede escribirse como 6 decenas, 2 unidades?

(Lección 1.6)

○ 26
○ 62
○ 206
○ 602

4. ¿Qué número puede escribirse como 30 + 2? (Lección 1.4)

○ 302
○ 203
○ 32
○ 23

5. ¿De qué otra manera se puede escribir el número 584? (Lección 2.7)

○ quinientos ochenta y cuatro
○ 500 + 8 + 4
○ quinientos dieciocho
○ 50 + 80 + 4

6. ¿De qué otra manera se puede escribir el número 29? (Lección 1.5)

○ 209
○ 9 decenas 2 unidades
○ 90 + 2
○ veintinueve

Contar hacia adelante y hacia atrás de 10 en 10 y de 100 en 100

ESTÁNDARES COMUNES CC.2.NBT.8
Use place value understanding and properties of operations to add and subtract.

Escribe el número.

1. 10 más que 451

   _____

2. 10 menos que 770

   _____

3. 100 más que 367

   _____

4. 100 menos que 895

   _____

5. 10 menos que 812

   _____

6. 100 más que 543

   _____

7. 10 más que 218

   _____

8. 100 más que 379

   _____

9. 100 menos que 324

   _____

10. 10 menos que 829

    _____

RESOLUCIÓN DE PROBLEMAS EN EL MUNDO

Resuelve. Escribe o dibuja la explicación.

11. Sarah tiene 128 adhesivos.
    Alex tiene 10 adhesivos menos que Sarah.
    ¿Cuántos adhesivos tiene Alex?

    _____ adhesivos

Revisión de la lección (CC.2.NBT.8)

1. ¿Qué número tiene 10 menos que 526?

   ○ 536
   ○ 516
   ○ 426
   ○ 416

2. ¿Qué número tiene 100 más que 487?

   ○ 387
   ○ 477
   ○ 497
   ○ 587

Repaso en espiral (CC.2.NBT.1, CC.2.NBT.3)

3. ¿Qué opción tiene el mismo valor que 14 decenas? (Lección 2.2)

   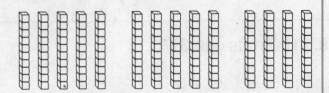

   ○ 1 decena 4 unidades
   ○ 1 decena 9 unidades
   ○ 1 centena 4 decenas
   ○ 1 centena 9 decenas

4. ¿Cuál es el valor del dígito subrayado? (Lección 2.5)

   587

   ○ 8
   ○ 80
   ○ 88
   ○ 800

5. ¿Qué número puede escribirse como 30 + 5? (Lección 1.4)

   ○ 93
   ○ 80
   ○ 53
   ○ 35

6. ¿Qué número puede escribirse como 9 decenas y 1 unidad? (Lección 1.6)

   ○ 91
   ○ 90
   ○ 19
   ○ 10

Álgebra • Patrones numéricos

ESTÁNDARES COMUNES CC.2.NBT.8
Use place value understanding and properties
of operations to add and subtract.

**Observa los dígitos para hallar los dos
números siguientes.**

1. 232, 242, 252, 262, ☐, ☐

   Los dos números siguientes son _____ y _____.

2. 185, 285, 385, 485, ☐, ☐

   Los dos números siguientes son _____ y _____.

3. 428, 528, 628, 728, ☐, ☐

   Los dos números siguientes son _____ y _____.

4. 654, 664, 674, 684, ☐, ☐

   Los dos números siguientes son _____ y _____.

5. 333, 433, 533, 633, ☐, ☐

   Los dos números siguientes son _____ y _____.

RESOLUCIÓN DE PROBLEMAS

6. ¿Qué números faltan en el patrón?

   431, 441, 451, 461, ☐, 481, 491, ☐

   Los números que faltan son _____ y _____.

Revisión de la lección (CC.2.NBT.8)

1. ¿Qué número sigue en este patrón?

453, 463, 473, 483,

- ○ 484
- ○ 493
- ○ 494
- ○ 583

2. ¿Qué número sigue en este patrón?

295, 395, 495, 595, ▮

- ○ 395
- ○ 596
- ○ 605
- ○ 695

Repaso en espiral (CC.2.NBT.1, CC.2.NBT.3)

3. ¿De qué otra manera se puede escribir el número setecientos cincuenta y uno? (Lección 2.6)

- ○ 751
- ○ 750
- ○ 715
- ○ 705

4. ¿Cuál es el valor del dígito subrayado? (Lección 2.5)

1̲95

- ○ 1
- ○ 10
- ○ 100
- ○ 1,000

5. ¿Cuál es otra manera de escribir 56? (Lección 1.5)

- ○ 506
- ○ sesenta y cinco
- ○ 50 + 6
- ○ 5 decenas 5 unidades

6. ¿Cuál de estas es una manera de mostrar el número 43? (Lección 1.6)

- ○ 3 decenas 4 unidades
- ○ 4 decenas 3 unidades
- ○ 4 decenas 13 unidades
- ○ 40 decenas 3 unidades

Resolución de problemas • Comparar números

ESTÁNDARES COMUNES CC.2.NBT.4
Understand place value.

Haz un modelo de los números. Haz dibujos rápidos que muestren cómo resolviste el problema.

1. Lauryn tiene 128 canicas. Kristin tiene 118 canicas. ¿Quién tiene más canicas?

_____

2. Nick tiene 189 tarjetas de colección. Kyle tiene 198 tarjetas de colección. ¿Quién tiene menos tarjetas?

_____

3. Un piano tiene 36 teclas negras y 52 teclas blancas. ¿Hay más teclas negras o más teclas blancas en un piano?

_____

4. Hay 253 galletas en una bolsa. Hay 266 galletas en una caja. ¿Hay menos galletas en la bolsa o en la caja?

_____

Revisión de la lección (CC.2.NBT.4)

1. Gina tiene 245 adhesivos. ¿Cuál de estos números es menor que 245?

- ○ 285
- ○ 254
- ○ 245
- ○ 239

2. El libro de Carl tiene 176 páginas. ¿Cuál de estos números es mayor que 176?

- ○ 203
- ○ 174
- ○ 168
- ○ 139

Repaso en espiral (CC.2.NBT.1, CC.2.NBT.3)

3. ¿Cuál de estas es otra manera de describir 63? (Lección 1.4)

- ○ 60 + 3
- ○ 6 + 3
- ○ 30 + 6
- ○ 30 + 60

4. ¿Cuál de estas es una manera de mostrar el número 58? (Lección 1.6)

- ○ 80 decenas 5 unidades
- ○ 50 decenas 8 unidades
- ○ 8 decenas 5 unidades
- ○ 5 decenas 8 unidades

5. El Sr. Ford viajó 483 millas en su carro. ¿Cuántas centenas hay en este número? (Lección 2.4)

- ○ 3
- ○ 4
- ○ 8
- ○ 15

6. ¿De qué otra manera se puede escribir el número 20? (Lección 1.5)

- ○ 202
- ○ 2 decenas 2 unidades
- ○ veinte
- ○ 2 + 0

Álgebra • Comparar números

ESTÁNDARES COMUNES CC.2.NBT.4
Understand place value.

Compara los números. Escribe >, < 0 =.

1. 489
   605

   489 $\bigcirc$ 605

2. 719
   719

   719 $\bigcirc$ 719

3. 370
   248

   370 $\bigcirc$ 248

4. 645
   654

   645 $\bigcirc$ 654

5. 205
   250

   205 $\bigcirc$ 250

6. 813
   781

   813 $\bigcirc$ 781

7. 397
   393

   397 $\bigcirc$ 393

8. 504
   405

   504 $\bigcirc$ 405

RESOLUCIÓN DE PROBLEMAS EN EL MUNDO

Resuelve. Escribe o dibuja la explicación.

9. Toby tiene 178 monedas de 1¢.
   Berta tiene 190 monedas de 1¢.
   ¿Quién tiene más monedas de 1¢?

   _____ tiene más monedas de 1¢.

Revisión de la lección (CC.2.NBT.4)

1. ¿Cuál de las siguientes opciones es verdadera?

   ○ $123 > 456$
   ○ $135 = 531$
   ○ $315 < 351$
   ○ $313 = 331$

2. ¿Cuál de las siguientes opciones es verdadera?

   ○ $425 < 254$
   ○ $401 > 399$
   ○ $476 > 611$
   ○ $724 = 742$

Repaso en espiral (CC.2.OA.3, CC.2.NBT.1, CC.2.NBT.1a, CC.2.NBT.1b, CC.2.NBT.2)

3. ¿Qué número tiene el mismo valor que 50 decenas? (Lección 2.1)

   ○ 5010
   ○ 500
   ○ 50
   ○ 5

4. ¿Qué número tiene un 8 en la posición de las centenas?

   (Lección 2.5)

   ○ 44
   ○ 358
   ○ 782
   ○ 816

5. Ned cuenta de cinco en cinco. Comienza en el 80. ¿Qué número debería decir después? (Lección 1.8)

   ○ 805
   ○ 90
   ○ 85
   ○ 75

6. El Sr. Dean tiene un número par de gatos y un número impar de perros. ¿Qué opción describiría a sus mascotas? (Lección 1.1)

   ○ 6 gatos y 3 perros
   ○ 4 gatos y 2 perros
   ○ 3 gatos y 6 perros
   ○ 3 gatos y 5 perros

ESTÁNDARES COMUNES CC.2.NBT.1,
CC.2.NBT.1a, CC.2.NBT.1b, CC.2.NBT.3, CC.2.NBT.4,
CC.2.NBT.8

Práctica adicional del Capítulo 2

Lección 2.2 (págs. 61 a 64)

Encierra en un círculo las decenas para formar 1 centena.
Escribe el número de diferentes maneras.

I.

_____ decenas

_____ centena _____ decenas

_____

Lección 2.3 (págs. 65 a 68)

Escribe cuántas centenas, decenas
y unidades hay. Haz un dibujo rápido.

I. 214

Centenas	Decenas	Unidades

2. 125 ✓

Centenas	Decenas	Unidades

Lección 2.4 (págs. 69 a 72)

Escribe cuántas centenas, decenas y unidades hay
en el modelo. Escribe el número de dos maneras.

I.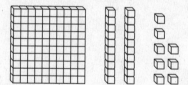

Centenas	Decenas	Unidades

_____ + _____ + _____

Lección 2.6 (págs. 77 a 80)

Escribe el número en palabras.

I. 643

_____

Lección 2.7 (págs. 81 a 83)

Lee el número y haz un dibujo rápido.
Luego escribe el número de diferentes maneras.

I. doscientos sesenta y nueve

_____ centenas _____ decenas _____ unidades

_____ + _____ + _____

_____

Lección 2.9 (págs. 89 a 92)

Escribe el número.

I. 10 más que 543

_____

2. 100 menos que 256

_____

Lección 2.10 (págs. 93 a 96)

Observa los dígitos para hallar los dos números siguientes.

I. 577, 587, 597, 607, ▢, ▢

Los dos números siguientes son _____ y _____.

2. 494, 594, 694, 794, ▢, ▢

Los dos números siguientes son _____ y _____.

Lección 2.12 (págs. 101 a 104)

Compara los números. Escribe >, < o =.

I. 312
    321

312 ◯ 321

2. 233
    219

233 ◯ 219

School-Home Letter

Dear Family,

My class started Chapter 3 this week. In this chapter, we will use different ways to practice our basic addition and subtraction facts.

Love, _____

Vocabulary

difference $12 - 4 = 8$
The difference is **8**.

addend $4 + 5 = 9$
The addends are **4** and **5**.

sum $4 + 5 = 9$
The sum is **9**.

Home Activity

Write 5 addition problems (with sums through 10) on individual slips of paper. Write their sums on separate slips. Have your child choose a sum and then match it to the correct addition problem. Repeat until all the problems have been matched correctly with sums.

Literature

Reading math stories reinforces ideas. Look for these books at the library.

Cats Add Up
by Marilyn Burns and Dianne Ochiltree.
Cartwheel Books, 1998.

Each Orange Had 8 Slices
by Paul Giganti.
Harper Trophy, 1999.

Carta
para la casa

Querida familia:

Mi clase comenzó el Capítulo 3 esta semana. En este capítulo, usaremos diferentes modos de practicar nuestras operaciones básicas de suma y resta.

Con cariño, _____

Vocabulario

diferencia $12 - 4 = 8$
La diferencia es **8**.

sumando $4 + 5 = 9$
Los sumandos son **4** y **5**.

total $4 + 5 = 9$
La suma es 9.

Actividad para la casa

Escriba 5 problemas de suma (con sumas hasta 10) en diferentes pedazos de papel. Escriba los totales en papeles diferentes. Pídale a su niño que seleccione un total y lo haga coincidir con el problema correcto. Repita los pasos hasta que todos los problemas concuerden con los totales.

Literatura

Leer cuentos matemáticos refuerza los conceptos. Busque estos libros en la biblioteca.

Cats Add Up
por Marilyn Burns y Dianne Ochiltree.
Cartwheel Books, 1998.

Each Orange Had 8 Slices
por Paul Giganti.
Harper Trophy, 1999.

Usar operaciones de dobles

ESTÁNDARES COMUNES CC.2.OA.2
Add and subtract within 20.

Escribe una operación de dobles
que puedas usar para hallar el
total. Escribe el total.

1. $2 + 3 =$ _____

_____ $+$ _____ $=$ _____

2. $7 + 6 =$ _____

_____ $+$ _____ $=$ _____

3. $3 + 4 =$ _____

_____ $+$ _____ $=$ _____

4. $8 + 9 =$ _____

_____ $+$ _____ $=$ _____

5. $6 + 5 =$ _____

_____ $+$ _____ $=$ _____

6. $4 + 5 =$ _____

_____ $+$ _____ $=$ _____

RESOLUCIÓN DE PROBLEMAS EN EL MUNDO

Resuelve. Escribe o dibuja la explicación.

7. Hay 6 hormigas en un tronco. Luego
7 hormigas trepan al tronco. ¿Cuántas
hormigas hay en el tronco ahora?

_____ hormigas

Revisión de la lección (CC.2.OA.2)

1. ¿Cuál es el total?

$$4 + 3 =$$

○ 3
○ 4
○ 6
○ 7

2. ¿Cuál es el total?

$$6 + 7 =$$

○ 13
○ 12
○ 7
○ 6

Repaso en espiral (CC.2.OA.3, CC.2.NBT.1, CC.2.NBT.3, CC.2.NBT.4)

3. En la escuela de Lia hay 451 niños. ¿Qué número es mayor que 451? (Lección 2.11)

○ 511
○ 415
○ 399
○ 154

4. ¿Qué número muestran estos bloques? (Lección 2.8)

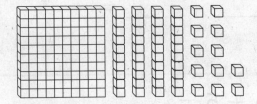

○ 112
○ 152
○ 142
○ 162

5. ¿Cuál de estos números tiene el dígito 8 en la posición de las decenas? (Lección 2.5)

○ 18
○ 278
○ 483
○ 864

6. ¿Qué total es un número par? (Lección 1.2)

○ $2 + 3 = 5$
○ $3 + 4 = 7$
○ $8 + 1 = 9$
○ $6 + 6 = 12$

Practicar operaciones de suma

ESTÁNDARES COMUNES CC.2.OA.2
Add and subtract within 20.

Escribe los totales.

1. $9 + 1 =$ ____

   $1 + 9 =$ ____

2. $7 + 6 =$ ____

   $6 + 7 =$ ____

3. $8 + 0 =$ ____

   $5 + 0 =$ ____

4. ____ $= 7 + 9$

   ____ $= 9 + 7$

5. $4 + 4 =$ ____

   $4 + 5 =$ ____

6. $9 + 9 =$ ____

   $9 + 8 =$ ____

7. $8 + 8 =$ ____

   $8 + 7 =$ ____

8. $2 + 2 =$ ____

   $2 + 3 =$ ____

9. ____ $= 6 + 3$

   ____ $= 3 + 6$

10. $6 + 6 =$ ____

    $6 + 7 =$ ____

11. ____ $= 0 + 7$

    ____ $= 0 + 9$

12. $5 + 5 =$ ____

    $5 + 6 =$ ____

13. $8 + 5 =$ ____

    $5 + 8 =$ ____

14. $8 + 2 =$ ____

    $2 + 8 =$ ____

15. $7 + 4 =$ ____

    $4 + 7 =$ ____

RESOLUCIÓN DE PROBLEMAS EN EL MUNDO

Resuelve. Escribe o dibuja la explicación.

16. Jason tiene 7 rompecabezas. Quincy tiene el mismo número de rompecabezas que Jason. ¿Cuántos rompecabezas tienen los dos?

    ____ rompecabezas

Revisión de la lección (CC.2.OA.2)

1. ¿Cuál es el total?

$$8 + 7 = \underline{}$$

- ○ 15
- ○ 14
- ○ 12
- ○ 11

2. ¿Cuál es el total?

$$2 + 9 = \underline{}$$

- ○ 7
- ○ 11
- ○ 12
- ○ 13

Repaso en espiral (CC.2.NBT.2, CC.2.NBT.3, CC.2.NBT.4, CC.2.NBT.8)

3. ¿Cuál es otra manera de escribir 43? (Lección 1.4)

- ○ 40 + 3
- ○ 30 + 4
- ○ 4 + 3
- ○ 40 + 30

4. ¿Qué número tiene 100 más que 276? (Lección 2.9)

- ○ 176
- ○ 286
- ○ 376
- ○ 672

5. ¿Qué grupo de números muestra un conteo de diez en diez? (Lección 1.8)

- ○ 10, 11, 12, 13, 14
- ○ 15, 20, 25, 30, 35
- ○ 20, 30, 40, 50, 60
- ○ 60, 59, 58, 57, 56

6. ¿Cuál de las siguientes opciones es verdadera? (Lección 2.12)

- ○ 127 > 142
- ○ 142 < 127
- ○ 127 = 142
- ○ 127 < 142

Nombre _____

Álgebra • Formar una decena para sumar

ESTÁNDARES COMUNES CC.2.OA.2
Add and subtract within 20.

Muestra cómo formar una decena para hallar el total. Escribe el total.

1. $9 + 7 =$ ___

1 6

$10 +$ ___ $=$ ___

2. $8 + 5 =$ ___

$10 +$ ___ $=$ ___

3. $8 + 6 =$ ___

$10 +$ ___ $=$ ___

4. $3 + 9 =$ ___

$10 +$ ___ $=$ ___

5. $8 + 7 =$ ___

$10 +$ ___ $=$ ___

6. $6 + 5 =$ ___

$10 +$ ___ $=$ ___

7. $7 + 6 =$ ___

$10 +$ ___ $=$ ___

8. $5 + 9 =$ ___

$10 +$ ___ $=$ ___

RESOLUCIÓN DE PROBLEMAS EN EL MUNDO

Resuelve. Escribe o dibuja la explicación.

9. Hay 9 niños en el autobús. Luego suben 8 niños más al autobús. ¿Cuántos niños hay en el autobús ahora?

_____ niños

Revisión de la lección (CC.2.OA.2)

1. ¿Qué opción tiene el mismo total que 8 + 7?

   ○ 10 + 3
   ○ 10 + 4
   ○ 10 + 5
   ○ 10 + 6

2. ¿Qué opción tiene el mismo total que 7 + 5?

   ○ 10 + 1
   ○ 10 + 2
   ○ 10 + 3
   ○ 10 + 4

Repaso en espiral (CC.2.OA.3, CC.2.NBT.3)

3. ¿Qué número puede escribirse como 200 + 10 + 7? (Lección 2.7)

   ○ 207
   ○ 210
   ○ 217
   ○ 271

4. ¿Cuál de estos es un número impar? (Lección 1.1)

   ○ 2
   ○ 4
   ○ 6
   ○ 7

5. ¿Cuál es el valor del dígito subrayado? (Lección 1.3)

   6̲5

   ○ 60
   ○ 50
   ○ 6
   ○ 10

6. ¿Cuál es otra manera de escribir el número 47? (Lección 1.5)

   ○ 40 + 70
   ○ setenta y cuatro
   ○ 4 decenas 7 unidades
   ○ 4 + 7

Nombre _____

Álgebra • Sumar 3 sumandos

ESTÁNDARES COMUNES CC.2.OA.2
Add and subtract within 20.

**Resuelve de dos maneras. Encierra
en un círculo los dos sumandos
que sumas primero.**

1. $2 + 3 + 7 =$ _____ $2 + 3 + 7 =$ _____

2. $5 + 3 + 3 =$ _____ $5 + 3 + 3 =$ _____

3. $4 + 5 + 4 =$ _____ $4 + 5 + 4 =$ _____

4. $4 + 4 + 4 =$ _____ $4 + 4 + 4 =$ _____

5.
$$\begin{array}{r} 5 \\ 4 \\ +\ 5 \\ \hline \end{array} \qquad \begin{array}{r} 5 \\ 4 \\ +\ 5 \\ \hline \end{array}$$

6.
$$\begin{array}{r} 6 \\ 3 \\ +\ 4 \\ \hline \end{array} \qquad \begin{array}{r} 6 \\ 3 \\ +\ 4 \\ \hline \end{array}$$

RESOLUCIÓN DE PROBLEMAS EN EL MUNDO

Elige una manera de resolver. Escribe o dibuja la explicación.

7. Amber tiene 2 crayones rojos, 5 crayones
azules y 4 crayones amarillos. ¿Cuántos
crayones tiene en total?

_____ crayones

Revisión de la lección (CC.2.OA.2)

1. ¿Qué opción tiene el mismo total que 2 + 4 + 6?

   ○ 6
   ○ 8
   ○ 10
   ○ 12

2. ¿Qué opción tiene el mismo total que 5 + 4 + 2?

   ○ 11
   ○ 9
   ○ 7
   ○ 6

Repaso en espiral (CC.2.NBT.1a, CC.2.NBT.3, CC.2.NBT.4, CC.2.NBT.8)

3. ¿Cuál de las siguientes opciones es verdadera? (Lección 2.12)

   ○ 264 < 246
   ○ 688 > 648
   ○ 234 = 233
   ○ 825 < 725

4. ¿Qué número puede escribirse como 4 decenas, 2 unidades?

   (Lección 1.6)

   ○ 12
   ○ 14
   ○ 24
   ○ 42

5. ¿Qué número tiene el mismo valor que 50 decenas? (Lección 2.1)

   ○ 5
   ○ 50
   ○ 500
   ○ 503

6. ¿Cuál es el siguiente número del patrón? (Lección 2.10)

   420, 520, 620, 720,

   ○ 820
   ○ 850
   ○ 920
   ○ 980

Álgebra • Relacionar la suma y la resta

ESTÁNDARES COMUNES CC.2.OA.2
Add and subtract within 20.

Escribe el total y la diferencia de las operaciones relacionadas.

1. $9 + 6 = $ _____

   $15 - 6 = $ _____

2. $8 + 5 = $ _____

   $13 - 5 = $ _____

3. $9 + 9 = $ _____

   $18 - 9 = $ _____

4. $7 + 3 = $ _____

   $10 - 3 = $ _____

5. $7 + 5 = $ _____

   $12 - 5 = $ _____

6. $6 + 8 = $ _____

   $14 - 6 = $ _____

7. $6 + 7 = $ _____

   $13 - 6 = $ _____

8. $8 + 8 = $ _____

   $16 - 8 = $ _____

9. $6 + 4 = $ _____

   $10 - 4 = $ _____

10. $7 + 9 = $ _____

    $16 - 9 = $ _____

11. $9 + 4 = $ _____

    $13 - 9 = $ _____

12. $8 + 7 = $ _____

    $15 - 7 = $ _____

RESOLUCIÓN DE PROBLEMAS EN EL MUNDO

Resuelve. Escribe o dibuja la explicación.

13. Hay 13 niños en el autobús. Luego bajan 5 niños del autobús. ¿Cuántos niños hay en el autobús ahora?

    _____ niños

Revisión de la lección (CC.2.OA.2)

1. ¿Cuál es una operación de suma relacionada con $15 - 6 = 9$?

   ○ $9 + 6 = 15$

   ○ $3 + 3 = 6$

   ○ $6 + 6 = 12$

   ○ $3 + 6 = 9$

2. ¿Cuál es una operación de resta relacionada con $5 + 7 = 12$?

   ○ $5 - 2 = 3$

   ○ $15 - 5 = 10$

   ○ $7 - 5 = 2$

   ○ $12 - 7 = 5$

Repaso en espiral (CC.2.NBT.1, CC.2.NBT.3, CC.2.NBT.8)

3. ¿Cuál es otra manera de escribir 4 centenas? (Lección 2.3)

   ○ 4

   ○ 40

   ○ 400

   ○ 440

4. ¿Cuál es el siguiente número del patrón? (Lección 2.10)

   $515, 615, 715, 815,$

   ○ 900

   ○ 905

   ○ 915

   ○ 920

5. ¿Qué número tiene 10 más que 237? (Lección 2.9)

   ○ 227

   ○ 247

   ○ 337

   ○ 347

6. ¿Cuál es otra manera de escribir el número 110? (Lección 2.7)

   ○ $100 + 10 + 1$

   ○ 1 centena, 1 decena, 1 unidad

   ○ ciento once

   ○ $100 + 10$

Practicar operaciones de resta

Escribe la diferencia.

1. $15 - 9 =$ _____

2. $13 - 8 =$ _____

3. _____ $= 13 - 5$

4. $14 - 7 =$ _____

5. $10 - 8 =$ _____

6. $12 - 7 =$ _____

7. _____ $= 10 - 7$

8. $16 - 7 =$ _____

9. $8 - 4 =$ _____

10. $11 - 5 =$ _____

11. $13 - 6 =$ _____

12. _____ $= 12 - 9$

13. $16 - 9 =$ _____

14. _____ $= 11 - 9$

15. $12 - 8 =$ _____

16. $14 - 8 =$ _____

17. $10 - 5 =$ _____

18. $12 - 5 =$ _____

19. $15 - 7 =$ _____

20. $14 - 9 =$ _____

21. $17 - 9 =$ _____

RESOLUCIÓN DE PROBLEMAS EN EL MUNDO

Resuelve. Escribe o dibuja la explicación.

22. El maestro Li tiene 16 lápices. Les da 9 lápices a algunos estudiantes. ¿Cuántos lápices tiene el maestro Li ahora?

_____ lápices

Revisión de la lección (CC.2.OA.2)

1. ¿Cuál es la diferencia?

$$13 - 6 = \underline{}$$

- ○ 6
- ○ 7
- ○ 8
- ○ 9

2. ¿Cuál es la diferencia?

$$12 - 3 = \underline{}$$

- ○ 5
- ○ 6
- ○ 7
- ○ 9

Repaso en espiral (CC.2.NBT.1, CC.2.NBT.1a, CC.2.NBT.1b, CC.2.NBT.2, CC.2.NBT.3)

3. ¿Cuál es el valor del dígito subrayado? (Lección 2.5)

6<u>2</u>5

- ○ 2
- ○ 10
- ○ 20
- ○ 200

4. ¿Qué grupo de números muestra el conteo de cinco en cinco?

(Lección 1.9)

- ○ 400, 401, 402, 403
- ○ 415, 425, 435, 445
- ○ 405, 410, 415, 420
- ○ 460, 459, 458, 457

5. Devin tiene 39 bloques. ¿Cuál es el valor del dígito 9 en este número? (Lección 1.3)

- ○ 9
- ○ 12
- ○ 30
- ○ 90

6. ¿Qué número tiene el mismo valor que 20 decenas? (Lección 2.1)

- ○ 220
- ○ 200
- ○ 20
- ○ 2

Restar usando una decena

ESTÁNDARES COMUNES CC.2.OA.2
Add and subtract within 20.

Muestra la operación con decenas que hiciste.
Escribe la diferencia.

1. $14 - 6 =$ _____

   $10 -$ _____ $=$ _____

2. $12 - 7 =$ _____

   $10 -$ _____ $=$ _____

3. $13 - 7 =$ _____

   $10 -$ _____ $=$ _____

4. $15 - 8 =$ _____

   $10 -$ _____ $=$ _____

5. $11 - 7 =$ _____

   $10 -$ _____ $=$ _____

6. $14 - 5 =$ _____

   $10 -$ _____ $=$ _____

RESOLUCIÓN DE PROBLEMAS EN EL MUNDO

Resuelve. Escribe o dibuja la explicación.

7. Carl leyó 15 páginas el lunes en la noche
   y 9 páginas el martes en la noche.
   ¿Cuántas páginas más leyó el lunes
   en la noche que el martes en la noche?

   _____ páginas más

Revisión de la lección (CC.2.OA.2)

1. ¿Qué opción tiene la misma diferencia que $12 - 6$?

   ○ $10 - 6$
   ○ $10 - 4$
   ○ $10 - 2$
   ○ $10 - 0$

2. ¿Qué opción tiene la misma diferencia que $13 - 8$?

   ○ $10 - 8$
   ○ $10 - 3$
   ○ $10 - 5$
   ○ $10 - 1$

Repaso en espiral (CC.2.OA.2, CC.2.NBT.4)

3. ¿Cuál es una operación de resta relacionada con $7 + 3 = 10$?

   (Lección 3.5)

   ○ $10 - 3 = 7$
   ○ $10 - 10 = 0$
   ○ $7 - 4 = 3$
   ○ $7 - 3 = 4$

4. Joe tiene 8 camioncitos. Carmen tiene 1 camioncito más que Joe. ¿Cuántos camioncitos tienen los dos en total? (Lección 3.2)

   ○ 7
   ○ 9
   ○ 15
   ○ 17

5. Hay 276 personas en el avión. ¿Qué número es mayor que 276?

   (Lección 2.11)

   ○ 177   ○ 267
   ○ 289   ○ 279

6. ¿Cuál de las siguientes opciones es verdadera? (Lección 2.12)

   ○ $537 > 375$
   ○ $495 > 504$
   ○ $475 < 429$
   ○ $201 = 189$

Álgebra • Hacer dibujos para representar problemas

ESTÁNDARES COMUNES CC.2.OA.1
Represent and solve problems involving addition and subtraction.

Completa el modelo de barras. Luego escribe un enunciado numérico para resolver.

I. Sara tiene 4 cuentas amarillas y 3 cuentas verdes. ¿Cuántas cuentas tiene Sara?

4	3

_____

_____ _____

_____

_____ cuentas

2. Adam tiene 12 camioncitos. Le regala 4 camioncitos a Ed. ¿Cuántos camioncitos tiene Adam ahora?

____	4

12

_____

_____ camioncitos

3. La abuela tiene 14 rosas rojas y 7 rosas rosadas. ¿Cuántas rosas rojas más que rosas rosadas tiene?

14

7	

_____

_____ rosas rojas más

Revisión de la lección (CC.2.OA.1)

1. Abby tiene 16 uvas. Jason tiene 9 uvas. ¿Cuántas uvas más que Jason tiene Abby?

16

9

- ○ 7
- ○ 8
- ○ 15
- ○ 25

Repaso en espiral (CC.2.OA.2, CC.2.NBT.3)

2. ¿Qué opción tiene la misma diferencia que $16 - 7$? (Lección 3.7)

- ○ $10 - 10$
- ○ $10 - 6$
- ○ $10 - 7$
- ○ $10 - 1$

3. ¿Cuál es la diferencia? (Lección 3.6)

$$18 - 9 = \underline{\hspace{1cm}}$$

- ○ 6
- ○ 9
- ○ 10
- ○ 27

4. ¿Cuál es otra manera de escribir $300 + 20 + 5$? (Lección 2.7)

- ○ 55
- ○ 235
- ○ 325
- ○ 523

5. ¿Cuál es el valor del dígito subrayado? (Lección 1.3)

<u>2</u>8

- ○ 80
- ○ 20
- ○ 10
- ○ 2

Nombre _____

Álgebra • Usar ecuaciones para representar problemas

ESTÁNDARES COMUNES CC.2.OA.1
Represent and solve problems involving addition and subtraction.

Escribe un enunciado numérico para el problema. Usa ▉ **para el número que falta. Luego resuelve.**

1. Había 15 manzanas en un tazón. Dany usó algunas manzanas para hacer un pastel. Ahora hay 7 manzanas en el tazón. ¿Cuántas manzanas usó Dany para hacer el pastel?

   _____

   _____ manzanas

2. Amy tiene 16 bolsas de regalo. Llena 8 bolsas de regalo con silbatos. ¿Cuántas bolsas de regalo no tienen silbatos?

   _____

   _____ bolsas de regalo

3. Había 5 perros en el parque. Luego llegaron 9 perros más. ¿Cuántos perros hay en el parque ahora?

   _____

   _____ perros

RESOLUCIÓN DE PROBLEMAS  EN EL MUNDO

Escribe o haz un dibujo que muestre cómo resolviste el problema.

4. Tony tiene 7 cubos azules y 6 cubos rojos. ¿Cuántos cubos tiene en total?

   _____ cubos

Revisión de la lección (CC.2.OA.1)

1. Fred peló 9 zanahorias. Nancy peló 6 zanahorias. ¿Cuántas zanahorias menos que Fred peló Nancy?

○ 15
○ 6
○ 3
○ 2

2. Omar tiene 8 canicas. Joy tiene 7 canicas. ¿Cuántas canicas tienen en total?

○ 1
○ 5
○ 8
○ 15

Repaso en espiral (CC.2.OA.2, CC.2.NBT.1)

3. ¿Cuál es el total? (Lección 3.1)

$7 + 8 = ?$

○ 2
○ 7
○ 15
○ 17

4. ¿Cuál es el total? (Lección 3.4)

$5 + 4 + 3 = \_\_\_$

○ 12
○ 15
○ 18
○ 19

5. ¿Qué opción tiene el mismo valor que 1 centena, 7 decenas? (Lección 2.2)

○ 70 decenas
○ 17 decenas
○ 10 decenas
○ 7 decenas

6. ¿Cuál de las siguientes opciones es una manera de describir el número 358? (Lección 2.4)

○ 8 centenas, 5 decenas, 3 unidades
○ 5 centenas, 3 decenas, 8 unidades
○ 3 centenas, 8 decenas, 5 unidades
○ 3 centenas, 5 decenas, 8 unidades

Resolución de problemas •
Grupos iguales

ESTÁNDARES COMUNES CC.2.OA.4
Work with equal groups of objects to gain
foundations for multiplication.

Haz una dramatización del problema.
Haz un dibujo que muestre lo que hiciste.

I. El Sr. Anderson tiene 4 platos de galletas. Hay 5 galletas en cada plato. ¿Cuántas galletas hay en total?

_____ galletas

2. La Sra. Trane pone adhesivos en 3 hileras. Hay 2 adhesivos en cada hilera. ¿Cuántos adhesivos tiene la Sra. Trane?

_____ adhesivos

3. Hay 5 libros en cada caja. ¿Cuántos libros hay en 5 cajas?

_____ libros

Revisión de la lección (CC.2.OA.4)

1. Jaime pone 3 naranjas en cada bandeja. ¿Cuántas naranjas hay en 5 bandejas?

   ○ 8
   ○ 15
   ○ 35
   ○ 53

2. Maurice tiene 4 hileras de juguetes de 4 juguetes cada una. ¿Cuántos juguetes tiene en total?

   ○ 4
   ○ 8
   ○ 16
   ○ 20

Repaso en espiral (CC.2.OA.1, CC.2.OA.2, CC.2.OA.3)

3. Jack tiene 12 lápices y 7 bolígrafos. ¿Cuántos lápices más que bolígrafos tiene? (Lección 3.8)

   ○ 19
   ○ 9
   ○ 6
   ○ 5

4. Laura tiene 9 manzanas. Jon tiene 6 manzanas. ¿Cuántas manzanas tienen los dos? (Lección 3.9)

   ○ 3
   ○ 12
   ○ 15
   ○ 16

5. ¿Cuál de estos es un número par? (Lección 1.1)

   ○ 1
   ○ 3
   ○ 5
   ○ 8

6. ¿Cuál es el total? (Lección 3.2)

   $7 + 9 =$ _____

   ○ 16
   ○ 17
   ○ 18
   ○ 19

Álgebra • Suma repetida

ESTÁNDARES COMUNES CC.2.OA.4
Work with equal groups of objects to gain
foundations for multiplication.

Halla en número de figuras de cada hilera.
Completa el enunciado de suma para hallar el total.

1.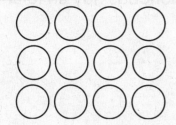

3 hileras de _____

_____ + _____ + _____ = _____

2.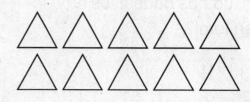

2 hileras de _____

_____ + _____ = _____

3.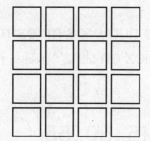

4 hileras de _____

_____ + _____ + _____ + _____
= _____

4.

4 hileras de _____

_____ + _____ + _____ + _____
= _____

RESOLUCIÓN DE PROBLEMAS EN EL MUNDO

Resuelve. Escribe o dibuja la explicación.

5. Un salón de clases tiene 3 hileras de pupitres.
   Hay 5 pupitres en cada hilera.
   ¿Cuántos pupitres hay en total?

_____ pupitres

Revisión de la lección (CC.2.OA.4)

1. Un álbum tiene 4 páginas. Hay 2 adhesivos en cada página. ¿Cuántos adhesivos hay en total?

   ○ 4
   ○ 6
   ○ 8
   ○ 10

2. Ben forma 5 hileras de monedas. Coloca 3 monedas en cada hilera. ¿Cuántas monedas hay en total?

   ○ 9
   ○ 12
   ○ 15
   ○ 18

Repaso en espiral (CC.2.OA.2, CC.2.NBT.2, CC.2.NBT.3)

3. Hay 5 manzanas y 4 naranjas. ¿Cuántas frutas hay? (Lección 3.1)

   ○ 10
   ○ 9
   ○ 8
   ○ 1

4. ¿Qué grupo de números muestra el conteo de diez en diez? (Lección 1.8)

   ○ 35, 40, 45, 50, 55
   ○ 40, 50, 60, 70, 80
   ○ 65, 64, 63, 62, 61
   ○ 70, 71, 72, 73, 74

5. ¿Cuál es una manera de escribir el número 260? (Lección 2.6)

   ○ veintiséis
   ○ doscientos seis
   ○ doscientos dieciséis
   ○ doscientos sesenta

6. ¿Qué opción tiene el mismo total que $7 + 5$? (Lección 3.3)

   ○ $10 + 4$
   ○ $10 + 3$
   ○ $10 + 2$
   ○ $10 + 1$

ESTÁNDARES COMUNES CC.2.OA.1, CC.2.OA.2, CC.2.OA.4

Práctica adicional del Capítulo 3

Lecciones 3.1 a 3.4 (págs. 121 a 136) . . . .

Escribe los totales.

1. $6 + 6 =$ ___

   $6 + 7 =$ ___

2. ___ $= 7 + 4$

   ___ $= 4 + 7$

3. $0 + 2 =$ ___

   $0 + 8 =$ ___

4. $6 + 9 =$ ___

   $10 +$ ___ $=$ ___

5. $7 + 5 =$ ___

   $10 +$ ___ $=$ ___

6. $4 + 6 + 4 =$ ___

7. $4 + 5 + 3 =$ ___

8. $2 + 7 + 3 =$ ___

9. $2 + 2 + 8 =$ ___

Lección 3.6 (págs. 141 a 143) . . . .

Escribe la diferencia.

1. $9 - 3 =$ ___

2. ___ $= 12 - 5$

3. $16 - 8 =$ ___

4. ___ $= 14 - 6$

5. $11 - 8 =$ ___

6. $12 - 6 =$ ___

7. $5 - 3 =$ ___

8. ___ $= 15 - 9$

9. $7 - 3 =$ ___

10. $12 - 7 =$ ___

11. $14 - 7 =$ ___

12. ___ $= 10 - 7$

Lección 3.7 (págs. 145 a 148)

Muestra la operación de decenas que hiciste. Escribe la diferencia.

1. $16 - 9 =$ _____

   $10 -$ _____ $=$ _____

2. $14 - 6 =$ _____

   $10 -$ _____ $=$ _____

3. $11 - 8 =$ _____

   $10 -$ _____ $=$ _____

4. $12 - 7 =$ _____

   $10 -$ _____ $=$ _____

Lección 3.9 (págs. 153 a 156)

Escribe un enunciado numérico para el problema.

Usa ▇ para el número que falta.
Luego resuelve.

1. Había 14 aves en el árbol. Algunas aves se fueron volando. Luego había 5 aves en el árbol. ¿Cuántas aves se fueron volando?

   _____

   _____ aves

Lección 3.11 (págs. 161 a 164)

Halla en número de figuras de cada hilera.
Completa el enunciado de suma para hallar el total.

1.

   2 hileras de _____

   ___ + ___ = ___

2.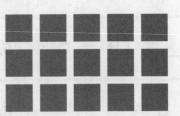

   3 hileras de _____

   ___ + ___ + ___ = ___

Chapter 4

School-Home Letter

Dear Family,

My class started Chapter 4 this week. In this chapter, I will learn how to solve addition problems with 2-digit addends using different strategies.

Love, _____

Vocabulary

regroup to make a group of 10 ones and trade it for a ten

Home Activity

Pretend you are going on a treasure hunt. Using small pieces of paper, make a path in a small area. Each piece of paper should have an addition problem on it for your child to solve. At the end of the path, place a treasure of some kind.

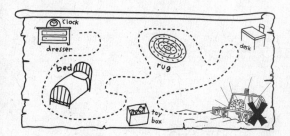

Literature

Reading math stories reinforces ideas. Look for these books at the library.

A Collection for Kate by Barbara deRubertis. Kane Press, 1999.

Mission: Addition by Loreen Leedy. Holiday House, 1997.

Capítulo 4

Carta
para la casa

Querida familia:

Mi clase comenzó el Capítulo 4 esta semana. En este capítulo, aprenderé a resolver problemas con sumandos de 2 dígitos usando diferentes estrategias.

Con cariño, _____

Vocabulario

reagrupar formar un grupo de 10 unidades y cambiarlo por una decena

Actividad para la casa

Jueguen a buscar un tesoro. Con pequeños trozos de papel, haga un camino en un espacio pequeño. Cada trozo de papel deberá tener un problema de suma para que su niño lo resuelva. Al final del camino, coloque algún tipo de tesoro.

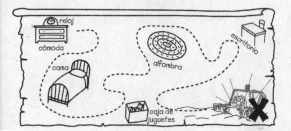

Literatura

Leer cuentos de matemáticas refuerza los conceptos. Busque estos libros en una biblioteca.

A Collection for Kate por Barbara deRubertis. Kane Press, 1999.

Mission: Addition por Loreen Leedy. Holiday House, 1997.

Separar unidades para sumar

ESTÁNDARES COMUNES CC.2.NBT.6
Use place value understanding and
properties of operations to add and subtract.

**Separa las unidades para formar una decena.
Luego suma y escribe el total.**

1. 62 + 9 = ____

2. 27 + 7 = ____

3. 28 + 5 = ____

4. 17 + 8 = ____

5. 57 + 6 = ____

6. 23 + 9 = ____

7. 39 + 7 = ____

8. 26 + 5 = ____

9. 13 + 8 = ____

10. 18 + 7 = ____

11. 49 + 8 = ____

12. 27 + 5 = ____

13. 39 + 4 = ____

14. 18 + 8 = ____

RESOLUCIÓN DE PROBLEMAS EN EL MUNDO

Resuelve. Escribe o dibuja la explicación.

15. Jimmy tiene 18 avioncitos. Su madre
le trajo 7 avioncitos más. ¿Cuántos
avioncitos tiene ahora?

_____ avioncitos

Revisión de la lección (CC.2.NBT.6)

1. ¿Cuál es el total?

$$26 + 7 = \underline{\hspace{1cm}}$$

- ○ 96
- ○ 78
- ○ 33
- ○ 19

2. ¿Cuál es el total?

$$15 + 8 = \underline{\hspace{1cm}}$$

- ○ 7
- ○ 10
- ○ 13
- ○ 23

Repaso en espiral (CC.2.OA.1, CC.2.OA.2, CC.2.NBT.3)

3. Hanna tiene 4 cuentas azules y 8 cuentas rojas. ¿Cuántas cuentas tiene Hanna? (Lección 3.8)

- ○ 4
- ○ 7
- ○ 10
- ○ 12

4. Rick tiene 4 adhesivos. Luego gana le regalan 2 más. ¿Cuántos adhesivos tiene Rick ahora?

(Lección 3.3)

- ○ 4
- ○ 6
- ○ 7
- ○ 9

5. ¿Cuál es el total? (Lección 3.4)

$$4 + 5 + 4 =$$

- ○ 13
- ○ 12
- ○ 11
- ○ 10

6. ¿Cuál de las siguientes opciones es otra manera de escribir 281? (Lección 2.7)

- ○ 1 centena, 2 decenas, 8 unidades
- ○ 1 centena, 8 decenas, 2 unidades
- ○ 2 centenas, 1 decena, 8 unidades
- ○ 2 centenas, 8 decenas, 1 unidad

Hacer una compensación

ESTÁNDARES COMUNES CC.2.NBT.6
Use place value understanding and
properties of operations to add and subtract.

**Muestra cómo hacer que un sumando tenga
el número de decenas siguiente. Completa el
nuevo enunciado de suma.**

1. $15 + 37 = ?$

 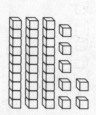

_____ + _____ = _____

2. $22 + 49 = ?$

 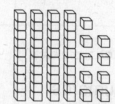

_____ + _____ = _____

3. $38 + 26 = ?$

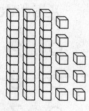 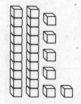

_____ + _____ = _____

4. $27 + 47 = ?$

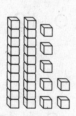 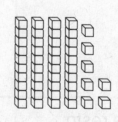

_____ + _____ = _____

RESOLUCIÓN DE PROBLEMAS EN EL MUNDO

Resuelve. Escribe o dibuja la explicación.

5. El roble de la escuela medía 34 pies de
alto. Luego creció 18 pies más. ¿Cuánto
mide el roble ahora?

_____ pies de alto

Revisión de la lección (CC.2.NBT.6)

1. ¿Cuál es el total?

$$18 + 25 = ?$$

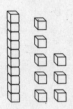 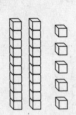

- ○ 43
- ○ 33
- ○ 31
- ○ 17

2. ¿Cuál es el total?

$$27 + 24 = ?$$

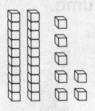 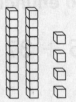

- ○ 41
- ○ 43
- ○ 51
- ○ 59

Repaso en espiral (CC.2.OA.2, CC.2.OA.3)

3. ¿Cuál de los siguientes números es un número par? (Lección 1.1)

- ○ 27
- ○ 14
- ○ 11
- ○ 5

4. Andrew ve 4 peces. Kim ve el doble de ese número de peces. ¿Cuántos peces ve Kim? (Lección 3.1)

- ○ 2
- ○ 8
- ○ 7
- ○ 12

5. ¿Cuál es la operación de resta relacionada de $7 + 6 = 13$?

(Lección 3.5)

- ○ $13 - 6 = 7$
- ○ $7 - 1 = 6$
- ○ $7 - 6 = 1$
- ○ $13 + 6 = 19$

6. ¿Cuál es el total? (Lección 3.2)

$$2 + 8 = \underline{\hphantom{000}}$$

- ○ 0
- ○ 6
- ○ 8
- ○ 10

Separar los sumandos en decenas y unidades

ESTÁNDARES COMUNES CC.2.NBT.6
Use place value understanding and properties of operations to add and subtract.

Separa los sumandos para hallar el total.

1. 18 $\longrightarrow$ ___ + ___
    + 21 $\longrightarrow$ ___ + ___
    ___ + ___ = ___

2. 33 $\longrightarrow$ ___ + ___
    + 49 $\longrightarrow$ ___ + ___
    ___ + ___ = ___

3. 72 $\longrightarrow$ ___ + ___
    + 18 $\longrightarrow$ ___ + ___
    ___ + ___ = ___

RESOLUCIÓN DE PROBLEMAS EN EL MUNDO

Elige una manera de resolver. Escribe o dibuja la explicación.

4. Christopher tiene 28 tarjetas de béisbol. Justin tiene 18 tarjetas de béisbol. ¿Cuántas tarjetas de béisbol tienen los dos en total?

_____ tarjetas de béisbol

Revisión de la lección (CC.2.NBT.6)

1. ¿Cuál es el total?

$$27$$
$$+ 12$$

- ○ 15
- ○ 19
- ○ 29
- ○ 39

2. ¿Cuál es el total?

$$17$$
$$+ 35$$

- ○ 40
- ○ 42
- ○ 52
- ○ 59

Repaso en espiral (CC.2.OA.2, CC.2.NBT.1, CC.2.NBT.3, CC.2.NBT.6)

3. ¿Cuál es el valor del dígito subrayado? (Lección 1.3)

$$2\underline{5}$$

- ○ 5
- ○ 7
- ○ 50
- ○ 55

4. ¿Cuál tiene el mismo valor que 12 decenas? (Lección 2.2)

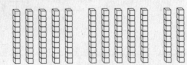

- ○ 10
- ○ 12
- ○ 100
- ○ 120

5. Ally tiene 7 cubos interconectables. Greg tiene 4 cubos interconectables. ¿Cuántos cubos interconectables tienen los dos? (Lección 3.2)

- ○ 3
- ○ 8
- ○ 11
- ○ 25

6. Juan pintó un cuadro de un árbol. Primero pintó 15 hojas. Luego pintó 23 hojas más. ¿Cuántas hojas pintó? (Lección 4.2)

- ○ 8
- ○ 25
- ○ 33
- ○ 38

Reagrupar modelos para sumar

ESTÁNDARES COMUNES CC.2.NBT.6, CC.2.NBT.9
Use place value understanding and properties of operations to add and subtract.

**Dibuja para mostrar cómo reagrupar.
Escribe cuántas decenas y unidades hay
en el total. Escribe el total.**

I. Suma 63 y 9.

Decenas	Unidades

_____ decenas

_____ unidades

_____

2. Suma 25 y 58.

Decenas	Unidades

_____ decenas

_____ unidades

_____

3. Suma 58 y 18.

Decenas	Unidades

_____ decenas

_____ unidades

_____

4. Suma 64 y 26.

Decenas	Unidades

_____ decenas

_____ unidades

_____

5. Suma 17 y 77.

Decenas	Unidades

_____ decenas

_____ unidades

_____

6. Suma 16 y 39.

Decenas	Unidades

_____ decenas

_____ unidades

_____

RESOLUCIÓN DE PROBLEMAS EN EL MUNDO

Elige una manera de resolver.
Escribe o dibuja la explicación.

7. Cathy tiene 43 hojas en su colección. Jane tiene
38 hojas. ¿Cuántas hojas tienen las dos niñas?

_____ hojas

Revisión de la lección (CC.2.NBT.6)

1. Suma 27 y 48. ¿Cuál es el total?

Decenas	Unidades

- ○ 27
- ○ 48
- ○ 65
- ○ 75

Repaso en espiral (CC.2.OA.2, CC.2.OA.3, CC.2.NBT.6)

2. ¿Cuál es el total? (Lección 3.2)

$$7 + 7 = \underline{}$$

- ○ 14
- ○ 13
- ○ 12
- ○ 11

3. ¿Cuál de estos números es un número impar? (Lección 1.1)

- ○ 6
- ○ 12
- ○ 21
- ○ 22

4. ¿Cuál es el total? (Lección 4.2)

$$39 + 46 = ?$$

- ○ 37
- ○ 58
- ○ 75
- ○ 85

5. ¿Cuál es el total? (Lección 3.4)

$$5 + 3 + 4 = \underline{}$$

- ○ 9
- ○ 12
- ○ 14
- ○ 16

Nombre _____

Hacer un modelo y anotar sumas de 2 dígitos

ESTÁNDARES COMUNES CC.2.NBT.6
Use place value understanding and properties of operations to add and subtract.

Haz dibujos rápidos como ayuda para resolver. Escribe el total.

1.

Decenas	Unidades
☐	
3	8
+ 1	7

Decenas	Unidades

2.

Decenas	Unidades
☐	
5	8
+ 2	6

Decenas	Unidades

3.

Decenas	Unidades
☐	
4	2
+ 3	7

Decenas	Unidades

4.

Decenas	Unidades
☐	
5	3
+ 3	8

Decenas	Unidades

RESOLUCIÓN DE PROBLEMAS EN EL MUNDO

Elige una manera de resolver.
Escribe o dibuja la explicación.

5. Había 37 niños en el parque el sábado y 25 niños en el parque el domingo. ¿Cuántos niños había en el parque esos dos días?

_____ niños

Revisión de la lección (CC.2.NBT.6)

1. ¿Cuál es el total?

Decenas	Unidades
☐	
3	4
+ 2	8

○ 44   ○ 52
○ 54   ○ 62

2. ¿Cuál es el total?

Decenas	Unidades
☐	
4	3
+ 2	7

○ 64   ○ 65
○ 70   ○ 74

Repaso en espiral (CC.2.OA.2)

3. Adam reunió 14 monedas de 1¢ la primera semana y 9 monedas de 1¢ la segunda semana. ¿Cuánta monedas de 1¢ más reunió la primera semana que la segunda semana? (Lección 3.5)

○ 25   ○ 14
○ 5   ○ 3

4. ¿Cuál es el total? (Lección 3.4)

$3 + 7 + 9 = $ _____

○ 7   ○ 10
○ 13   ○ 19

5. Janet tiene 5 canicas. Encuentra el doble de ese número de canicas en su bolso de arte. ¿Cuántas canicas tiene Janet ahora? (Lección 3.1)

○ 5   ○ 15
○ 10   ○ 20

6. ¿Cuál es la diferencia? (Lección 3.6)

$13 - 5 = $ _____

○ 7   ○ 8
○ 9   ○ 18

Suma de 2 dígitos

ESTÁNDARES COMUNES CC.2.NBT.5
Use place value understanding and
properties of operations to add and subtract.

Reagrupa si es necesario. Escribe el total.

1.
```
  4 | 7
+ 2 | 5
```

2.
```
  3 | 3
+ 1 | 8
```

3.
```
  2 | 8
+ 6 | 4
```

4.
```
  1 | 3
+ 6 | 5
```

5.
```
  1 | 7
+ 2 | 6
```

6.
```
  3 | 6
+ 5 | 3
```

7.
```
  5 | 8
+ 2 | 5
```

8.
```
  3 | 7
+ 4 | 9
```

9.
```
  5 | 2
+ 2 | 9
```

10.
```
  6 | 6
+ 2 | 4
```

11.
```
  7 | 4
+ 1 | 4
```

12.
```
  3 | 7
+ 3 | 7
```

RESOLUCIÓN DE PROBLEMAS EN EL MUNDO

Resuelve. Escribe o dibuja la explicación.

13. Angela dibujó 16 flores en un papel
esta mañana. Dibujó 25 flores más
en la tarde. ¿Cuántas flores dibujó
en total?

_____ flores

Revisión de la lección (CC.2.NBT.5)

1. ¿Cuál es el total?

$$\begin{array}{c|c} 2 & 1 \\ + 3 & 7 \\ \hline \end{array}$$

- ○ 16
- ○ 18
- ○ 56
- ○ 58

2. ¿Cuál es el total?

$$\begin{array}{c|c} 3 & 8 \\ + 5 & 2 \\ \hline \end{array}$$

- ○ 90
- ○ 86
- ○ 80
- ○ 76

Repaso en espiral (CC.2.OA.1, CC.2.NBT.3, CC.2.NBT.8)

3. ¿Cuál es el siguiente número del patrón de conteo? (Lección 2.10)

103, 203, 303, 403, _____

- ○ 433
- ○ 500
- ○ 503
- ○ 613

4. Rita contó 13 burbujas.
Ben contó 5 burbujas.
¿Cuántas burbujas menos que Rita contó Ben? (Lección 3.9)

- ○ 8
- ○ 10
- ○ 13
- ○ 18

5. ¿Qué número es 100 más que 265? (Lección 2.9)

- ○ 165
- ○ 275
- ○ 305
- ○ 365

6. ¿Cuál de las siguientes es otra manera de escribir 42? (Lección 1.5)

- ○ 402
- ○ 40 + 2
- ○ 400 + 2
- ○ 40 decenas 2 unidades

Practicar sumas de 2 dígitos

ESTÁNDARES COMUNES CC.2.NBT.5
Use place value understanding and
properties of operations to add and subtract.

Escribe el total.

1.

$$\begin{array}{r} 58 \\ + 17 \\ \hline \end{array}$$

2.

$$\begin{array}{r} 44 \\ + 86 \\ \hline \end{array}$$

3.

$$\begin{array}{r} 36 \\ + 13 \\ \hline \end{array}$$

4.

$$\begin{array}{r} 49 \\ + 72 \\ \hline \end{array}$$

5.

$$\begin{array}{r} 58 \\ + 87 \\ \hline \end{array}$$

6.

$$\begin{array}{r} 32 \\ + 59 \\ \hline \end{array}$$

7.

$$\begin{array}{r} 77 \\ + 58 \\ \hline \end{array}$$

8.

$$\begin{array}{r} 45 \\ + 45 \\ \hline \end{array}$$

9.

$$\begin{array}{r} 54 \\ + 28 \\ \hline \end{array}$$

RESOLUCIÓN DE PROBLEMAS EN EL MUNDO

Resuelve. Escribe o dibuja la explicación.

10. Hay 45 libros en el estante.
Hay 37 libros sobre la mesa.
¿Cuántos libros en el estante y
sobre la mesa hay en total?

_____ libros

Revisión de la lección (CC.2.NBT.5)

1. ¿Cuál es el total?

$$56$$
$$+\ 35$$

- ○ 91
- ○ 81
- ○ 51
- ○ 21

2. ¿Cuál es el total?

$$74$$
$$+\ 15$$

- ○ 61
- ○ 69
- ○ 89
- ○ 91

Repaso en espiral (CC.2.OA.1, CC.2.OA.2, CC.2.NBT.1, CC.2.NBT.3)

3. ¿Cuál es el valor del dígito subrayado? (Lección 2.5)

$$5\underline{2}6$$

- ○ 600
- ○ 500
- ○ 50
- ○ 5

4. El maestro Stevens quiere colocar 17 libros en el estante. Colocó 8 libros en el estante. ¿Cuántos libros más tiene que colocar en el estante? (Lección 3.8)

- ○ 3
- ○ 7
- ○ 9
- ○ 12

5. ¿Cuál es la diferencia? (Lección 3.6)

$$11 - 6 = \underline{\qquad}$$

- ○ 17
- ○ 15
- ○ 7
- ○ 5

6. ¿Cuál de las siguientes es otra manera de escribir 83? (Lección 1.4)

- ○ 80 + 3
- ○ 80 + 30
- ○ 30 + 8
- ○ 8 + 3

Reescribir sumas de 2 dígitos

ESTÁNDARES COMUNES CC.2.NBT.5
Use place value understanding and
properties of operations to add and subtract.

Reescribe los números. Luego suma.

1. $27 + 19$

$+$ _____

2. $36 + 23$

$+$ _____

3. $31 + 29$

$+$ _____

4. $48 + 23$

$+$ _____

5. $53 + 12$

$+$ _____

6. $69 + 13$

$+$ _____

7. $24 + 38$

$+$ _____

8. $46 + 37$

$+$ _____

RESOLUCIÓN DE PROBLEMAS  EN EL MUNDO

Usa la tabla. Muestra cómo
resolviste el problema.

9. ¿Cuántas páginas leyeron
Sasha y Kara en total?

_____ páginas

Páginas leídas esta semana	
Niño	**Número de páginas**
Sasha	62
Kara	29
Juan	50

Revisión de la lección (CC.2.NBT.5)

1. ¿Cuál es el total de 39 + 17?

$$+ \underline{\qquad}$$

- ○ 66
- ○ 56
- ○ 50
- ○ 22

2. ¿Cuál es el total de 28 + 16?

$$+ \underline{\qquad}$$

- ○ 44
- ○ 42
- ○ 34
- ○ 18

Repaso en espiral (CC.2.OA.4, CC.2.NBT.1, CC.2.NBT.3, CC.2.NBT.6)

3. ¿Cuál de las siguientes es otra manera de escribir 60 + 4? (Lección 1.5)

- ○ 46
- ○ 64
- ○ 100
- ○ 604

4. En el salón de clases hay 4 escritorios por hilera. Hay 5 hileras. ¿Cuántos escritorios hay en el salón de clases? (Lección 3.10)

- ○ 9
- ○ 15
- ○ 20
- ○ 35

5. Una ardilla recolectó 17 bellotas. Luego la ardilla recolectó 31 bellotas. ¿Cuántas bellotas recolectó la ardilla en total?

(Lección 4.2)

- ○ 14
- ○ 21
- ○ 33
- ○ 48

6. ¿Qué número puede escribirse como 3 centenas, 7 decenas, 5 unidades? (Lección 2.4)

- ○ 753
- ○ 573
- ○ 375
- ○ 357

Resolución de problemas • Suma

ESTÁNDARES COMUNES CC.2.OA.1
Represent and solve problems involving addition and subtraction.

Rotula el modelo de barras. Escribe un enunciado numérico con un ▇ en lugar del número que falta. Resuelve.

1. Jacob cuenta 37 hormigas en la acera y 11 hormigas en el césped. ¿Cuántas hormigas cuenta Jacob?

_____ hormigas

2. Hay 14 abejas en la colmena y 17 abejas en el jardín. ¿Cuántas abejas hay en total?

_____ abejas

3. Hay 28 flores en el jardín de Sasha. Hay 16 flores amarillas y el resto son blancas. ¿Cuántas flores blancas hay en el jardín de Sasha?

_____ flores blancas

Revisión de la lección (CC.2.OA.1)

1. Sean y Abby tienen
   23 marcadores entre los dos.
   Abby tiene 14 marcadores.
   ¿Cuántos marcadores tiene
   Sean?

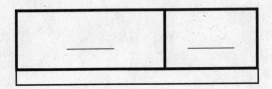

   ○ 9   ○ 7
   ○ 8   ○ 6

2. La maestra James tiene
   22 estudiantes en su clase.
   El maestro Williams tiene
   24 estudiantes en su clase.
   ¿Cuántos estudiantes hay en
   las dos clases?

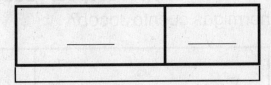

   ○ 42   ○ 51
   ○ 46   ○ 56

Repaso en espiral (CC.2.OA.2, CC.2.NBT.8)

3. ¿Cuál es la diferencia? (Lección 3.6)

   $$15 - 9 = \underline{\quad}$$

   ○ 24   ○ 14
   ○ 7   ○ 6

4. ¿Cuál es el total? (Lección 3.3)

   $$7 + 5 = \underline{\quad}$$

   ○ 12   ○ 11
   ○ 10   ○ 9

5. Jan tiene 10 bloques. Le regala
   9 bloques a Tim. ¿Cuántos
   bloques tiene Jan ahora? (Lección 3.5)

   ○ 3
   ○ 5
   ○ 18
   ○ 23

6. ¿Cuál es el siguiente número del
   patrón de conteo? (Lección 2.10)

   29, 39, 49, 59, _____

   ○ 49
   ○ 69
   ○ 75
   ○ 79

Álgebra • Escribir ecuaciones para representar la suma

ESTÁNDARES COMUNES CC.2.OA.1
Represent and solve problems involving
addition and subtraction.

Escribe un enunciado numérico para el problema. Usa un ▇ en lugar del número que falta. Luego resuelve.

1. Emily y sus amigos fueron al parque. Vieron 15 petirrojos y 9 azulejos. ¿Cuántas aves vieron?

   _____

   _____ aves

2. Joe tiene 13 peces en una pecera. Tiene 8 peces en otra pecera. ¿Cuántos peces tiene Joe?

   _____

   _____ peces

RESOLUCIÓN DE PROBLEMAS EN EL MUNDO

Resuelve.

3. Hay 21 estudiantes en la clase de Kathleen. 12 de ellos son mujeres. ¿Cuántos varones hay en la clase de Kathleen?

   _____ varones

Revisión de la lección (CC.2.OA.1)

1. Clara tiene 14 bloques. Jasmine tiene 6 bloques. ¿Cuántos bloques tienen en total?

- ○ 8
- ○ 19
- ○ 20
- ○ 22

2. Matt encontró 16 bellotas en el parque. Trevor encontró 18 bellotas. ¿Cuántas bellotas encontraron los dos?

- ○ 38
- ○ 34
- ○ 32
- ○ 22

Repaso en espiral (CC.2.OA.2, CC.2.OA.3, CC.2.OA.4)

3. Leanne contó 19 hormigas. Gregory contó 6. ¿Cuántas hormigas más que Gregory contó Leanne? (Lección 3.8)

- ○ 3
- ○ 8
- ○ 13
- ○ 25

4. ¿Cuál es el total? (Lección 3.4)

$$4 + 3 + 6 = \underline{\hspace{2cm}}$$

- ○ 13
- ○ 10
- ○ 9
- ○ 7

5. La maestra Santos colocó conchas de mar en 4 hileras. Colocó 6 conchas de mar en cada hilera. ¿Cuántas conchas de mar hay en total? (Lección 3.11)

- ○ 12
- ○ 24
- ○ 36
- ○ 42

6. ¿Qué número es un número par? (Lección 1.1)

- ○ 9
- ○ 14
- ○ 17
- ○ 21

Álgebra • Hallar el total de 3 sumandos

ESTÁNDARES COMUNES CC.2.NBT.6
Use place value understanding and properties of operations to add and subtract.

Suma.

1.
$$\begin{array}{r} 23 \\ 20 \\ +25 \\ \hline \end{array}$$

2.
$$\begin{array}{r} 15 \\ 22 \\ +38 \\ \hline \end{array}$$

3.
$$\begin{array}{r} 13 \\ 52 \\ +34 \\ \hline \end{array}$$

4.
$$\begin{array}{r} 27 \\ 40 \\ +19 \\ \hline \end{array}$$

5.
$$\begin{array}{r} 31 \\ 45 \\ +24 \\ \hline \end{array}$$

6.
$$\begin{array}{r} 34 \\ 11 \\ +28 \\ \hline \end{array}$$

7.
$$\begin{array}{r} 42 \\ 36 \\ +11 \\ \hline \end{array}$$

8.
$$\begin{array}{r} 18 \\ 22 \\ +34 \\ \hline \end{array}$$

9.
$$\begin{array}{r} 53 \\ 19 \\ +25 \\ \hline \end{array}$$

RESOLUCIÓN DE PROBLEMAS EN EL MUNDO

Resuelve. Escribe o dibuja la explicación.

10. Liam tiene 24 lápices amarillos, 15 lápices rojos y 9 lápices azules. ¿Cuántos lápices tiene en total?

_____ lápices

Revisión de la lección (CC.2.NBT.6)

1. ¿Cuál es el total?

$$\begin{array}{r} 22 \\ 31 \\ +\ 16 \\ \hline \end{array}$$

- ○ 69
- ○ 79
- ○ 83
- ○ 96

2. ¿Cuál es el total?

$$\begin{array}{r} 17 \\ 26 \\ +\ 30 \\ \hline \end{array}$$

- ○ 47
- ○ 56
- ○ 63
- ○ 73

Repaso en espiral (CC.2.OA.1, CC.2.OA.4, CC.2.NBT.3, CC.2.NBT.8)

3. ¿Qué número es 10 más que 127? (Lección 2.9)

- ○ 117
- ○ 137
- ○ 227
- ○ 277

4. El teléfono del Sr. Howard tiene 4 hileras de botones. Hay 3 botones en cada hilera. ¿Cuántos botones tiene el teléfono del Sr. Howard? (Lección 3.11)

- ○ 7
- ○ 12
- ○ 8
- ○ 16

5. Bob lanzó 8 herraduras. Liz lanzó 9 herraduras. ¿Cuántas herraduras lanzaron los dos? (Lección 3.9)

- ○ 15
- ○ 17
- ○ 18
- ○ 27

6. ¿Cuál de las siguientes es otra manera de escribir 315? (Lección 2.7)

- ○ 1 centena, 3 decenas, 5 unidades
- ○ 3 centenas, 1 decena, 5 unidades
- ○ 3 centenas, 5 decenas, 1 unidad
- ○ 5 centenas, 1 decena, 3 unidades

Álgebra • Hallar el total de 4 sumandos

ESTÁNDARES COMUNES CC.2.NBT.6
Use place value understanding and
properties of operations to add and subtract.

Suma.

1.
```
  1 8
  3 2
  2 3
+   3
```

2.
```
  4 5
  3 1
  2 9
+ 7 2
```

3.
```
  2 4
  6 2
  7 0
+ 3 3
```

4.
```
  8 3
  3 2
  6 1
+ 2 2
```

5.
```
  3 7
  1 5
  3 1
+ 1 2
```

6.
```
  2 1
  1 3
  9 6
+ 1 8
```

RESOLUCIÓN DE PROBLEMAS  EN EL MUNDO

Resuelve. Muestra cómo resolviste el problema.

7. Kinza corre 16 minutos el lunes,
   13 minutos el martes, 9 minutos el
   miércoles y 20 minutos el jueves.
   ¿Cuántos minutos corre Kinza en total?

   _____ minutos

Revisión de la lección (CC.2.NBT.6)

1. ¿Cuál es el total?

```
  1 2
  3 3
  5 6
+ 3 2
```

- ○ 123
- ○ 133
- ○ 131
- ○ 151

2. ¿Cuál es el total?

```
  4 1
  7 4
  4 3
+ 2 0
```

- ○ 175
- ○ 188
- ○ 178
- ○ 195

Repaso en espiral (CC.2.OA.1, CC.2.NBT.5, CC.2.OA.2)

3. Laura tiene 6 margaritas. Luego encuentra 7 margaritas más. ¿Cuántas margaritas tiene ahora? (Lección 3.8)

- ○ 6
- ○ 10
- ○ 13
- ○ 15

4. ¿Cuál es el total? (Lección 4.7)

```
  5 2
+ 2 7
```

- ○ 89
- ○ 79
- ○ 65
- ○ 16

5. Alan tiene 25 tarjetas de colección. Compra 8 más. ¿Cuántas tarjetas tiene ahora?

(Lección 4.9)

- ○ 15
- ○ 17
- ○ 23
- ○ 33

6. Jen vio 13 conejillos de Indias y 18 jerbos en la tienda de mascotas. ¿Cuántas mascotas vio? (Lección 4.10)

- ○ 31
- ○ 21
- ○ 13
- ○ 5

ESTÁNDARES COMUNES CC.2.OA.1, CC.2.NBT.5, CC.2.NBT.6, CC.2.NBT.9

Práctica adicional del Capítulo 4

Lecciones 4.1 y 4.2 (págs. 173 a 180)

Separa las unidades para formar una decena. Suma.

1. $42 + 9 =$ _____

2. $38 + 7 =$ _____

Muestra cómo hacer que un sumando tenga el número de decenas siguiente. Completa el nuevo enunciado de suma.

3. $22 + 49 = ?$

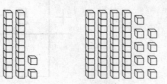

_____ + _____ = _____

Lección 4.3 (págs. 181 a 184)

Separa los sumandos para hallar el total.

1.

$\begin{array}{r} 18 \\ + 26 \end{array}$ ⟶ _____ + _____

⟶ _____ + _____

_____ + _____ = _____

Lección 4.4 (págs. 185 a 188)

Escribe cuántas decenas y unidades hay en el total.
Escribe el total.

1. Suma 45 y 29.

Decenas	Unidades

_____ decenas

_____ unidades

_____

2. Suma 13 y 48.

Decenas	Unidades

_____ decenas

_____ unidades

_____

3. Suma 38 y 18.

Decenas	Unidades

_____ decenas

_____ unidades

_____

Lecciones 4.5 y 4.6 (págs. 189 a 196)

Haz dibujos rápidos como ayuda para resolver.
Escribe el total.

1.

Decenas	Unidades		Decenas	Unidades
☐				
4	6			
+ 3	8			

2.

Decenas	Unidades		Decenas	Unidades
☐				
3	2			
+ 5	7			

Reagrupa si es necesario. Escribe el total.

3.

$$\begin{array}{r} 5\,|\,8 \\ +\ 1\,|\,7 \\ \hline \end{array}$$

4.

$$\begin{array}{r} 4\,|\,3 \\ +\ 2\,|\,7 \\ \hline \end{array}$$

5.

$$\begin{array}{r} 3\,|\,3 \\ +\ 5\,|\,8 \\ \hline \end{array}$$

Lección 4.10 (págs. 209 a 212)

Escribe un enunciado numérico para el problema. Usa un ▪ para el número que falta. Luego resuelve.

1. Tony tiene 24 canicas azules y 18 canicas rojas. ¿Cuántas canicas tiene?

_____

_____ canicas

Lección 4.11 (págs. 213 a 216)

Suma.

1.

$$\begin{array}{r} 50 \\ 25 \\ +\ 19 \\ \hline \end{array}$$

2.

$$\begin{array}{r} 26 \\ 21 \\ +\ 31 \\ \hline \end{array}$$

3.

$$\begin{array}{r} 64 \\ 17 \\ +\ 22 \\ \hline \end{array}$$

Chapter 5

School-Home **Letter**

Dear Family,

My class started Chapter 5 this week. In this chapter, I will learn how to solve 2-digit subtraction problems using different strategies.

Love, _____

Vocabulary

difference the answer to a subtraction problem

$$7 - 4 = 3$$

difference

minus sign a symbol used in a subtraction problem

Home Activity

Write 2-digit numbers, such as 56, 67, and 89, each on a separate index card. Use a pencil and a paper clip to make a pointer for the spinner. Have your child choose a card, spin the pointer, and subtract the number on the spinner from the number on the card.

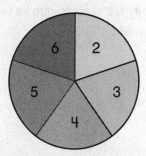

Literature

Look for these books at the library. Read them with your child to reinforce learning.

The Action of Subtraction
by Brian P. Cleary
Millbrook Press, 2006

The Shark Swimathon
by Stuart J. Murphy
HarperCollins, 2001

Carta
para la casa

Querida familia:

Mi clase comenzó el Capítulo 5 esta semana. En este capítulo, aprenderé cómo resolver problemas de resta con números de 2 dígitos usando varias estrategias.

Con cariño, _____

Vocabulario

diferencia resultado de un problema de resta

$$7 - 4 = 3$$
↑
diferencia

signo de menos símbolo que se usa en un problema de resta

Actividad para la casa

Escriba números de 2 dígitos, como 56, 67 y 89, uno por tarjeta. Haga una flecha giratoria con un lápiz y un clip. Pida a su niño que elija una tarjeta, haga girar la flecha y reste ese número del número de la tarjeta.

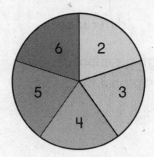

Literatura

Busque estos libros en la biblioteca. Léalos con su niño para reforzar el aprendizaje.

The Action of Subtraction
por Brian P. Cleary
Millbrook Press, 2006

The Shark Swimathon
por Stuart J. Murphy
HarperCollins, 2001

Nombre _____

Álgebra • Separar unidades para restar

ESTÁNDARES COMUNES CC.2.NBT.5
Use place value understanding and properties of operations to add and subtract.

**Separa las unidades para restar.
Escribe la diferencia.**

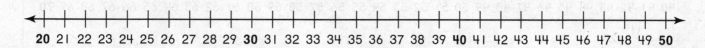

20 21 22 23 24 25 26 27 28 29 **30** 31 32 33 34 35 36 37 38 39 **40** 41 42 43 44 45 46 47 48 49 **50**

1. $36 - 7 =$ _____

2. $35 - 8 =$ _____

3. $37 - 9 =$ _____

4. $41 - 6 =$ _____

5. $44 - 5 =$ _____

6. $33 - 7 =$ _____

7. $32 - 4 =$ _____

8. $31 - 6 =$ _____

9. $46 - 9 =$ _____

10. $43 - 5 =$ _____

RESOLUCIÓN DE PROBLEMAS EN EL MUNDO

Elige una manera de resolver. Escribe o dibuja la explicación.

11. Beth tiene 44 canicas. Le regala 9 canicas a su hermano. ¿Cuántas canicas tiene Beth ahora?

_____ canicas

Revisión de la lección (CC.2.NBT.5)

1. ¿Cuál es la diferencia?

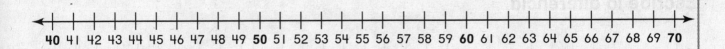

40 41 42 43 44 45 46 47 48 49 **50** 51 52 53 54 55 56 57 58 59 **60** 61 62 63 64 65 66 67 68 69 **70**

$$58 - 9 = \underline{}$$

67	51	49	41
○	○	○	○

Repaso en espiral (CC.2.OA.2, CC.2.NBT.6)

2. ¿Cuál es la diferencia? (Lección 3.6)

$$14 - 6 = \underline{}$$

- ○ 7
- ○ 8
- ○ 9
- ○ 10

3. ¿Cuál es el total? (Lección 3.4)

$$3 + 6 + 2 = \underline{}$$

- ○ 11
- ○ 10
- ○ 9
- ○ 5

4. ¿Cuál es el total? (Lección 4.1)

$$64 + 7 = \underline{}$$

- ○ 81
- ○ 73
- ○ 71
- ○ 68

5. ¿Cuál es el total? (Lección 4.2)

$$56 + 18 = \underline{}$$

- ○ 74
- ○ 72
- ○ 64
- ○ 62

Álgebra • Separar números para restar

ESTÁNDARES COMUNES CC.2.NBT.5
Use place value understanding and properties of operations to add and subtract.

**Separa el número que restas.
Escribe la diferencia.**

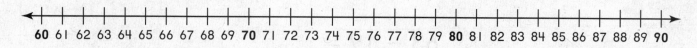

1. $81 - 14 =$ _____

2. $84 - 16 =$ _____

3. $77 - 14 =$ _____

4. $83 - 19 =$ _____

5. $81 - 17 =$ _____

6. $88 - 13 =$ _____

7. $84 - 19 =$ _____

8. $86 - 18 =$ _____

9. $84 - 17 =$ _____

10. $76 - 15 =$ _____

11. $86 - 12 =$ _____

12. $82 - 19 =$ _____

RESOLUCIÓN DE PROBLEMAS EN EL MUNDO

Resuelve. Escribe o dibuja la explicación.

13. El Sr. Pearce compró 43 plantas.
Le dio 14 plantas a su hermana.
¿Cuántas plantas tiene
el Sr. Pearce ahora?

_____ plantas

Revisión de la lección (CC.2.NBT.5)

1. ¿Cuál es la diferencia?

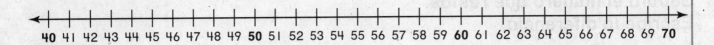

| 40 | 41 | 42 | 43 | 44 | 45 | 46 | 47 | 48 | 49 | **50** | 51 | 52 | 53 | 54 | 55 | 56 | 57 | 58 | 59 | **60** | 61 | 62 | 63 | 64 | 65 | 66 | 67 | 68 | 69 | **70** |

$$63 - 19 = \underline{\hspace{1cm}}$$

82 ○   56 ○   44 ○   36 ○

Repaso en espiral (CC.2.OA.1, CC.2.OA.2, CC.2.NBT.6)

2. ¿Cuál es el total? (Lección 4.3)

$$\begin{array}{r} 14 \\ + 23 \\ \hline \end{array}$$

○ 11   ○ 37

○ 31   ○ 47

3. ¿Cuál es el total? (Lección 3.1)

$$8 + 7 = \underline{\hspace{1cm}}$$

○ 1

○ 14

○ 15

○ 16

4. ¿Cuál es la operación de resta relacionada con $6 + 8 = 14$? (Lección 3.5)

○ $18 - 6 = 12$

○ $16 - 8 = 8$

○ $14 - 8 = 6$

○ $8 - 2 = 6$

5. John tiene 7 cometas. Annie tiene 4 cometas ¿Cuántas cometas tienen en total? (Lección 3.9)

○ 12

○ 11

○ 7

○ 3

Nombre _____

Reagrupar modelos para restar

ESTÁNDARES COMUNES CC.2.NBT.9, CC.2.NBT.5
Use place value understanding and
properties of operations to add and subtract.

**Dibuja para mostrar la reagrupación. Escribe
la diferencia de dos maneras. Escribe las
decenas y las unidades. Escribe el número.**

1. Resta 9 de 35.

Decenas	Unidades

_____ decenas _____ unidades

_____

2. Resta 14 de 52.

Decenas	Unidades

_____ decenas _____ unidades

3. Resta 17 de 46.

Decenas	Unidades

_____ decenas _____ unidades

_____

4. Resta 28 de 63.

Decenas	Unidades

_____ decenas _____ unidades

_____

RESOLUCIÓN DE PROBLEMAS

Elige una manera de resolver. Escribe o dibuja la explicación.

5. El Sr. Ortega hizo 51 galletas. Regaló 14 galletas.
¿Cuántas galletas tiene ahora?

_____ galletas

Revisión de la lección (CC.2.NBT.9, CC.2.NBT.5)

1. Resta 9 de 36. ¿Cuál es la diferencia?

Decenas | Unidades

○ 45　　○ 26
○ 27　　○ 7

2. Resta 28 de 45. ¿Cuál es la diferencia?

Decenas | Unidades

○ 73　　○ 23
○ 37　　○ 17

Repaso en espiral (CC.2NBT.5, CC.2.NBT.6)

3. ¿Cuál es la diferencia? (Lección 5.1)

$$51 - 8 = \underline{\quad}$$

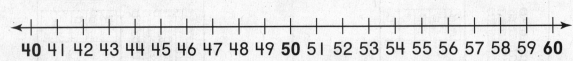

40 41 42 43 44 45 46 47 48 49 **50** 51 52 53 54 55 56 57 58 59 **60**

○ 41　　○ 43　　○ 57　　○ 59

4. ¿Cuál es el total? (Lección 4.2)

$$38 + 35 = \underline{\quad}$$

○ 63
○ 67
○ 73
○ 76

5. ¿Cuál es el total? (Lección 4.11)

$$\begin{array}{r} 63 \\ 18 \\ + 9 \\ \hline \end{array}$$

○ 62　　○ 87
○ 80　　○ 90

Hacer un modelo y anotar restas de 2 dígitos

ESTÁNDARES COMUNES CC.2.NBT.5
Use place value understanding and properties of operations to add and subtract.

Haz un dibujo rápido para resolver.
Escribe la diferencia.

I.

Decenas	Unidades
☐	☐
4	3
− 1	7

Decenas	Unidades

2.

Decenas	Unidades
☐	☐
3	8
− 2	9

Decenas	Unidades

3.

Decenas	Unidades
☐	☐
5	2
− 3	7

Decenas	Unidades

4.

Decenas	Unidades
☐	☐
3	5
− 1	9

Decenas	Unidades

RESOLUCIÓN DE PROBLEMAS EN EL MUNDO

Resuelve. Escribe o dibuja la explicación.

5. Kendall tiene 63 adhesivos. Su hermana tiene 57 adhesivos. ¿Cuántos adhesivos más que su hermana tiene Kendall?

_____ adhesivos más

Revisión de la lección (CC.2.NBT.5)

1. ¿Cuál es la diferencia?

Decenas	Unidades
☐	☐
4	7
− 1	8

- ○ 55
- ○ 29
- ○ 31
- ○ 19

2. ¿Cuál es la diferencia?

Decenas	Unidades
☐	☐
3	3
− 2	9

- ○ 16
- ○ 8
- ○ 12
- ○ 4

Repaso en espiral (CC.2.OA.2, CC.2.NBT.5, CC.2.NBT.6)

3. ¿Cuál es la diferencia? (Lección 3.6)

$$10 - 6 = \underline{\quad}$$

- ○ 5
- ○ 3
- ○ 4
- ○ 2

4. ¿Cuál es el total? (Lección 4.2)

$$16 + 49 = \underline{\quad}$$

- ○ 33
- ○ 67
- ○ 65
- ○ 75

5. ¿Cuál es el total? (Lección 4.1)

$$28 + 8 = \underline{\quad}$$

- ○ 36
- ○ 20
- ○ 18
- ○ 10

6. ¿Cuál es la diferencia? (Lección 5.1)

$$52 - 6 = \underline{\quad}$$

- ○ 58
- ○ 50
- ○ 48
- ○ 46

Nombre _____

Resta de 2 dígitos

ESTÁNDARES COMUNES CC.2.NBT.5
Use place value understanding and
properties of operations to add and subtract.

**Reagrupa si lo necesitas.
Escribe la diferencia.**

1.

Decenas	Unidades
☐	☐
4	7
− 2	8

2.

Decenas	Unidades
☐	☐
3	3
− 1	8

3.

Decenas	Unidades
☐	☐
2	8
− 1	4

4.

Decenas	Unidades
☐	☐
6	6
− 1	9

5.

7	7
− 2	6

6.

5	8
− 3	4

7.

5	2
− 2	5

8.

8	7
− 4	9

RESOLUCIÓN DE PROBLEMAS EN EL MUNDO

Resuelve. Escribe o dibuja la explicación.

9. La maestra Paul compró 32 gomas
de borrar. Les dio 19 gomas de borrar
a los estudiantes. ¿Cuántas gomas
de borrar le quedan?

_____ gomas de borrar

Revisión de la lección (CC.2.NBT.5)

1. ¿Cuál es la diferencia?

$$
\begin{array}{c|c}
4 & 8 \\
- \ 3 & 9 \\
\end{array}
$$

○ 9   ○ 11

○ 10   ○ 19

2. ¿Cuál es la diferencia?

$$
\begin{array}{c|c}
8 & 4 \\
- \ 6 & 6 \\
\end{array}
$$

○ 48   ○ 28

○ 38   ○ 18

Repaso en espiral (CC.2.OA.1, CC.2.OA.2, CC.2.NBT.5)

3. ¿Cuál es la diferencia? (Lección 5.4)

Decenas	Unidades
□	□
3	2
− 1	9

○ 11

○ 13

○ 23

○ 51

4. ¿Cuál de las siguientes opciones tiene el mismo total que 8 + 7? (Lección 3.3)

○ 10 + 2

○ 10 + 3

○ 10 + 5

○ 10 + 6

5. Van 27 niños y 23 niñas de excursión al museo. ¿Cuántos niños van de excursión al museo en total? (Lección 4.9)

○ 40   ○ 50

○ 44   ○ 54

6. Hay 17 bayas en la canasta. Luego alguien se come 9 bayas. ¿Cuántas bayas hay ahora? (Lección 3.9)

○ 6   ○ 12

○ 8   ○ 26

Practicar la resta de 2 dígitos

ESTÁNDARES COMUNES CC.2.NBT.5
Use place value understanding and
properties of operations to add and subtract.

Escribe la diferencia.

1.
$$\begin{array}{r} 5\ 0 \\ -1\ 8 \\ \hline \end{array}$$

2.
$$\begin{array}{r} 4\ 3 \\ -1\ 7 \\ \hline \end{array}$$

3.
$$\begin{array}{r} 7\ 5 \\ -1\ 8 \\ \hline \end{array}$$

4.
$$\begin{array}{r} 2\ 2 \\ -\ \ 6 \\ \hline \end{array}$$

5.
$$\begin{array}{r} 6\ 0 \\ -3\ 5 \\ \hline \end{array}$$

6.
$$\begin{array}{r} 4\ 2 \\ -3\ 4 \\ \hline \end{array}$$

7.
$$\begin{array}{r} 2\ 1 \\ -\ \ 8 \\ \hline \end{array}$$

8.
$$\begin{array}{r} 3\ 9 \\ -2\ 7 \\ \hline \end{array}$$

9.
$$\begin{array}{r} 6\ 1 \\ -3\ 7 \\ \hline \end{array}$$

RESOLUCIÓN DE PROBLEMAS EN EL MUNDO

Resuelve. Escribe o dibuja la explicación.

10. Julie tiene 42 hojas de papel.
Le da 17 hojas a Kari.
¿Cuántas hojas de papel
tiene Julie ahora?

_____ hojas de papel

Revisión de la lección (CC.2.NBT.5)

1. ¿Cuál es la diferencia?

$$73 - 47$$

○ 24
○ 26
○ 34
○ 36

2. ¿Cuál es la diferencia?

$$54 - 13$$

○ 31
○ 37
○ 39
○ 41

Repaso en espiral (CC.2.OA.2, CC.2.NBT.6)

3. ¿Cuál es el total? (Lección 3.2)

$$9 + 9 = \underline{\hspace{1cm}}$$

○ 20   ○ 18
○ 9   ○ 0

4. ¿Cuál es la diferencia? (Lección 3.6)

$$14 - 7 = \underline{\hspace{1cm}}$$

○ 21   ○ 13
○ 7   ○ 6

5. ¿Cuál es el total? (Lección 4.2)

$$36 + 25 = \underline{\hspace{1cm}}$$

○ 61
○ 54
○ 51
○ 11

6. ¿Cuál es el total? (Lección 3.4)

$$7 + 2 + 3 = \underline{\hspace{1cm}}$$

○ 6
○ 11
○ 12
○ 14

Reescribir restas de 2 dígitos

ESTÁNDARES COMUNES CC.2.NBT.5
Use place value understanding and
properties of operations to add and subtract.

**Reescribe el problema de resta.
Luego halla la diferencia.**

1. $35 - 19$

2. $47 - 23$

3. $55 - 28$

4. $22 - 15$

5. $61 - 32$

6. $70 - 37$

RESOLUCIÓN DE PROBLEMAS EN EL MUNDO

Resuelve. Escribe o dibuja la explicación.

7. Jimmy fue a la juguetería. Vio 23 trenes
de madera y 41 trenes de plástico.
¿Cuántos trenes de plástico más que
trenes de madera vio?

_____ trenes de plástico más

Revisión de la lección (CC.2.NBT.5)

1. ¿Cuál es la diferencia de
   43 − 17?

   —
   _____

   ○ 16   ○ 36
   ○ 26   ○ 60

2. ¿Cuál es la diferencia de
   50 − 16?

   —
   _____

   ○ 66   ○ 34
   ○ 46   ○ 24

Repaso en espiral (CC.2.OA.2, CC.2.NBT.5, CC.2.NBT.6, CC.2.NBT.9)

3. ¿Cuál es el total? (Lección 4.12)

   29
   4
   25
   + 16

   ○ 100   ○ 70
   ○ 74   ○ 65

4. ¿Cuál es el total de 41 + 19?

   (Lección 4.7)

   ○ 60
   ○ 50
   ○ 38
   ○ 30

5. ¿Cuál de las siguientes opciones
   tiene el mismo total que
   5 + 9? (Lección 3.3)

   ○ 10 + 6
   ○ 10 + 5
   ○ 10 + 4
   ○ 10 + 3

6. ¿Cuál es la diferencia? (Lección 5.2)

   45 − 13 = _____

   ○ 28
   ○ 32
   ○ 52
   ○ 58

Nombre _____

Sumar para hallar diferencias

ESTÁNDARES COMUNES CC.2.NBT.5
Use place value understanding and
properties of operations to add and subtract.

**Usa la recta numérica. Cuenta hacia adelante
para hallar la diferencia.**

1. $36 - 29 = $ _____

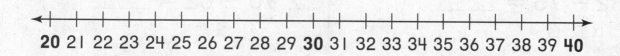

20 21 22 23 24 25 26 27 28 29 **30** 31 32 33 34 35 36 37 38 39 **40**

2. $43 - 38 = $ _____

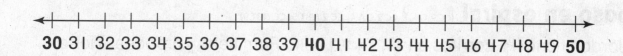

30 31 32 33 34 35 36 37 38 39 **40** 41 42 43 44 45 46 47 48 49 **50**

3. $76 - 68 = $ _____

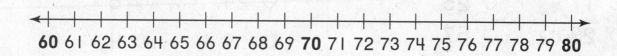

60 61 62 63 64 65 66 67 68 69 **70** 71 72 73 74 75 76 77 78 79 **80**

RESOLUCIÓN DE PROBLEMAS EN EL MUNDO

Resuelve. La recta numérica te sirve para resolver.

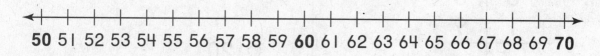

50 51 52 53 54 55 56 57 58 59 **60** 61 62 63 64 65 66 67 68 69 **70**

4. Jill tiene 63 tarjetas. Usa 57 tarjetas
en un proyecto. ¿Cuántas tarjetas
tiene Jill ahora?

_____ tarjetas

Revisión de la lección (CC.2.NBT.5)

Usa la recta numérica. Cuenta hacia adelante para hallar la diferencia.

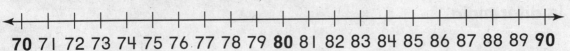

70 71 72 73 74 75 76 77 78 79 **80** 81 82 83 84 85 86 87 88 89 **90**

1. 82 − 75 = _____

   ○ 2   ○ 6
   ○ 5   ○ 7

2. 90 − 82 = _____

   ○ 2   ○ 8
   ○ 4   ○ 9

Repaso en espiral (CC.2.OA.1, CC.2.OA.4, CC.2.NBT.5, CC.NBT.9)

3. Jordan tiene 41 carritos en casa. Lleva 24 carritos a la escuela. ¿Cuántos carritos dejó en casa? (Lección 5.3)

   ○ 17   ○ 25
   ○ 23   ○ 57

4. Pam tiene 15 peces. Tiene 9 carpas y el resto son guppys. ¿Cuántos peces son guppys? (Lección 3.9)

   ○ 24   ○ 6
   ○ 9   ○ 4

5. ¿Cuál es el total? (Lección 4.6)

$$
\begin{array}{r}
3 \ | \ 5 \\
+ \ 1 \ | \ 9 \\
\hline
\end{array}
$$

   ○ 16   ○ 44
   ○ 24   ○ 54

6. Hay 5 lápices en cada mesa. Hay 3 mesas. ¿Cuántos lápices hay en total? (Lección 3.11)

   ○ 20
   ○ 15
   ○ 8
   ○ 2

Resolución de problemas • La resta

ESTÁNDARES COMUNES CC.2.OA.1
Represent and solve problems involving
addition and subtraction.

Rotula el modelo de barras. Escribe un enunciado numérico con una ▪ en lugar del número que falta. Resuelve.

1. Megan recogió 34 flores. Algunas flores son amarillas y 18 flores son rosadas. ¿Cuántas flores amarillas recogió?

_____ flores amarillas

2. Alex tenía 45 carritos. Puso 26 carritos en una caja. ¿Cuántos carritos no están en la caja?

_____ carritos

3. El Sr. Kane hace 43 pizzas. Hace 28 pizzas pequeñas. El resto son grandes. ¿Cuántas pizzas grandes hizo?

_____ pizzas grandes

Revisión de la lección (CC.2.OA.1)

1. Había 39 calabazas en la tienda. Luego se vendieron 17 calabazas. ¿Cuántas calabazas quedan en la tienda?

   ○ 22 ○ 42
   ○ 26 ○ 56

2. Había 48 hormigas en una colina. Luego se fueron 13 hormigas. ¿Cuántas hormigas quedaron en la colina?

   ○ 21 ○ 55
   ○ 35 ○ 61

Repaso en espiral (CC.2.OA.1, CC.2.OA.2, CC.2.NBT.5, CC.2.NBT.6)

3. Ashley tenía 26 marcadores. Su amiga le dio 17 marcadores más. ¿Cuántos marcadores tiene Ashley ahora? (Lección 4.10)

   ○ 17 ○ 33
   ○ 26 ○ 43

4. ¿Cuál es el total? (Lección 4.7)

   $$\begin{array}{r} 46 \\ + 24 \\ \hline \end{array}$$

   ○ 22 ○ 70
   ○ 60 ○ 72

5. ¿Cuál de las siguientes opciones tiene la misma diferencia que $15 - 7$? (Lección 3.7)

   ○ $10 - 8$

   ○ $10 - 7$

   ○ $10 - 3$

   ○ $10 - 2$

6. ¿Cuál es el total? (Lección 4.1)

   $$34 + 5 = \underline{\qquad}$$

   ○ 39

   ○ 41

   ○ 49

   ○ 51

Álgebra • Escribir ecuaciones para representar la resta

ESTÁNDARES COMUNES CC.2.OA.1
Represent and solve problems involving addition and subtraction.

Escribe un enunciado numérico para el problema. Usa una ▪ en lugar del número que falta. Luego resuelve.

1. Iban 29 niños a la escuela en bicicleta. Después algunos de los niños se fueron a casa y 8 niños se quedaron en la escuela en bicicleta. ¿Cuántos niños fueron a casa en bicicleta?

   _____

   _____ niños

2. Iban 32 niños a la escuela en autobús. Luego 24 niños se bajaron del autobús. ¿Cuántos niños se quedaron en el autobús?

   _____

   _____ niños

RESOLUCIÓN DE PROBLEMAS  EN EL MUNDO

Resuelve. Escribe o dibuja la explicación.

3. Había 21 niños en la biblioteca. Después de que 7 niños se fueron de la biblioteca, ¿cuántos niños se quedaron en la biblioteca?

   _____ niños

Revisión de la lección (CC.2.OA.1)

1. Cindy tenía 42 cuentas. Usó algunas cuentas para una pulsera. Le quedan 14 cuentas. ¿Cuántas cuentas usó para la pulsera?

   ○ 22
   ○ 28
   ○ 32
   ○ 56

2. Jake tenía 36 tarjetas de béisbol. Le dio 17 tarjetas a su hermana. ¿Cuántas tarjetas de béisbol tiene Jake ahora?

   ○ 19
   ○ 21
   ○ 23
   ○ 41

Repaso en espiral (CC.2.OA.2, CC.2.NBT.5)

3. ¿Cuál es el total? (Lección 3.2)

   $$6 + 7 = \underline{\quad}$$

   ○ 11
   ○ 12
   ○ 13
   ○ 15

4. ¿Cuál es la diferencia? (Lección 3.6)

   $$16 - 9 = \underline{\quad}$$

   ○ 11
   ○ 9
   ○ 8
   ○ 7

5. ¿Cuál es la diferencia? (Lección 5.5)

   $$\begin{array}{r} 4\,6 \\ -\ 3\,9 \\ \hline \end{array}$$

   ○ 7   ○ 13
   ○ 15   ○ 26

6. ¿Cuál de las siguientes opciones tiene el mismo total que $6 + 8$? (Lección 3.3)

   ○ $10 + 2$
   ○ $10 + 3$
   ○ $10 + 4$
   ○ $10 + 5$

Resolver problemas de varios pasos

ESTÁNDARES COMUNES CC.2.OA.1
Represent and solve problems involving addition and subtraction.

Completa los modelos de barras con los pasos que sigues para resolver el problema.

1. Greg tiene 60 bloques. Su hermana le da 17 bloques más. Usa 38 bloques para hacer una torre. ¿Cuántos bloques no usó en la torre?

_____ bloques

2. Jenna tiene un tren de 26 cubos interconectables y un tren de 37 cubos interconectables. Le da 15 cubos a un amigo. ¿Cuántos cubos tiene Jenna ahora?

_____ cubos

RESOLUCIÓN DE PROBLEMAS EN EL MUNDO

Resuelve. Escribe o dibuja la explicación.

3. Ava tiene 25 libros. Regala 7 libros. Luego Tom le da 12 libros. ¿Cuántos libros tiene Ava ahora?

_____ libros

Revisión de la lección (CC.2.OA.1)

1. Sara tiene 18 crayones. Max tiene 19 crayones. ¿Cuántos crayones más necesitan para tener 50 crayones en total?

- ○ 13
- ○ 23
- ○ 31
- ○ 37

2. Jon tiene 12 monedas de 1¢. Lucy tiene 17 monedas de 1¢. ¿Cuántas monedas de 1¢ más necesitan para tener 75 monedas de 1¢ en total?

- ○ 21
- ○ 35
- ○ 46
- ○ 61

Repaso en espiral (CC.2.OA.1, CC.2.NBT.5, CC.2.NBT.6)

3. ¿Cuál es la diferencia? (Lección 5.2)

$$58 - 13 = \underline{\hspace{1cm}}$$

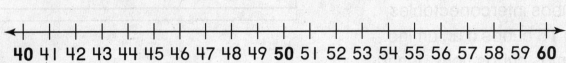

40 41 42 43 44 45 46 47 48 49 **50** 51 52 53 54 55 56 57 58 59 **60**

- ○ 71
- ○ 65
- ○ 45
- ○ 22

4. ¿Cuál es el total? (Lección 4.6)

$$
\begin{array}{c|c}
4 & 7 \\
+ \ 1 & 5 \\
\end{array}
$$

- ○ 62
- ○ 43
- ○ 52
- ○ 32

5. Hay 26 tarjetas en una caja. Bryan toma 12 tarjetas. ¿Cuántas tarjetas quedan en la caja?

(Lección 5.9)

- ○ 34
- ○ 22
- ○ 18
- ○ 14

ESTÁNDARES COMUNES CC.2.OA.1, CC.2.NBT.5, CC.2.NBT.9

Práctica adicional del Capítulo 5

Lecciones 5.1 y 5.2 (págs. 229 a 236) ·

Separa el número que restas.
Escribe la diferencia.

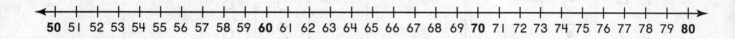

50 51 52 53 54 55 56 57 58 59 **60** 61 62 63 64 65 66 67 68 69 **70** 71 72 73 74 75 76 77 78 79 **80**

1. 73 − 7 = _____

2. 65 − 7 = _____

3. 64 − 8 = _____

4. 75 − 18 = _____

5. 72 − 12 = _____

6. 74 − 19 = _____

Lección 5.3 (págs. 237 a 240) ·

Dibuja para mostrar la reagrupación. Escribe la diferencia de dos maneras.
Escribe las decenas y las unidades. Escribe el número.

1. Resta 7 de 52.

Decenas	Unidades

_____ decenas

_____ unidades

_____

2. Resta 28 de 41.

Decenas	Unidades

_____ decena

_____ unidades

_____

3. Resta 16 de 34.

Decenas	Unidades

_____ decena

_____ unidades

_____

Lección 5.4 (págs. 241 a 244)

Haz un dibujo rápido para resolver.
Escribe la diferencia.

1.

Decenas	Unidades
4	5
− 1	9

Decenas	Unidades

2.

Decenas	Unidades
5	3
− 2	6

Decenas	Unidades

Lecciones 5.5 y 5.6 (págs. 245 a 251)

Escribe la diferencia.

1.
```
  7 3
− 2 8
```

2.
```
  9 5
− 4 7
```

3.
```
  6 0
− 4 8
```

4.
```
  4 9
− 2 4
```

Lección 5.11 (págs. 269 a 272)

Completa los modelos de barras con
los pasos que sigues para resolver el problema.

1. Ryan compra un paquete de
30 adhesivos. Su mamá le
da 14 adhesivos. ¿Cuántos
adhesivos más necesita para tener
62 adhesivos en total?

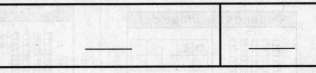

_____ adhesivos más

School-Home Letter

Dear Family,

My class started Chapter 6 this week. In this chapter, I will learn how to add and subtract 3-digit numbers, including regrouping ones, tens, and hundreds.

Love, _____

Vocabulary

difference answer to a subtraction problem

addends numbers added together in addition problems

$$7 + 2 = 9$$

   ↑   ↑

  addends

sum answer to an addition problem

$$7 + 2 = 9$$

     ↑

    sum

Home Activity

Write addition and subtraction problems with two 3-digit numbers for your child. Write some problems where regrouping is needed and other problems where regrouping is not needed.

$$\begin{array}{r} 462 \\ +341 \\ \hline \end{array} \qquad \begin{array}{r} 796 \\ -578 \\ \hline \end{array}$$

Literature

Reading math stories reinforces learning. Look for these books at the library.

A Collection for Kate by Barbara deRubertis. Kane Press, 1999.

The Action of Subtraction by Brian P. Cleary. Millbrook Press, 2006.

Carta
para la casa

Querida familia:

Mi clase comenzó el Capítulo 6 esta semana. En este capítulo, aprenderé cómo sumar y restar números de 3 dígitos, incluyendo la reagrupación de unidades, decenas y centenas.

Con cariño, _____

Vocabulario

diferencia resultado de un problema de resta

sumandos números que se suman unos a otros en problemas de suma

$$7 + 2 = 9$$

↑ ↑
sumandos

total resultado de un problema de suma

$$7 + 2 = 9$$

↑
total

Actividad para la casa

Escriba a su niño problemas de suma y resta con dos números de 3 dígitos. Escriba algunos problemas en los que tenga que reagrupar y otros en los que no.

$$462 + 341$$ $$796 - 578$$

Literatura

Leer cuentos de matemáticas refuerza el aprendizaje. Busque estos libros en la biblioteca

A Collection for Kate
por Barbara Derubertis.
Kane Press, 1999.

The Action of Subtraction
por Brian P. Cleary.
Millbrook Press, 2006.

Dibujar para representar la suma de 3 dígitos

ESTÁNDARES COMUNES CC.2.NBT.7
Use place value understanding and properties of operations to add and subtract.

Haz dibujos rápidos. Escribe cuántas centenas, decenas y unidades hay en total. Escribe el número.

1. Suma 142 y 215.

Centenas	Decenas	Unidades

_____ centenas _____ decenas

_____ unidades

_____

2. Suma 263 y 206.

Centenas	Decenas	Unidades

_____ centenas _____ decenas

_____ unidades

_____

RESOLUCIÓN DE PROBLEMAS  EN EL MUNDO

Resuelve. Escribe o dibuja la explicación.

3. Un granjero vendió 324 limones y 255 limas. ¿Cuántas frutas vendió el granjero en total?

_____ frutas

Revisión de la lección (CC.2.NBT.7)

1. La Sra. Carol vendió 346 boletos para niños y 253 boletos para adultos. ¿Cuántos boletos vendió la Sra. Carol en total?

   ○ 113

   ○ 569

   ○ 599

   ○ 699

2. El Sr. Harris contó 227 guijarros grises y 341 guijarros blancos. ¿Cuántos guijarros contó el Sr. Harris?

   ○ 658

   ○ 568

   ○ 526

   ○ 468

Repaso en espiral (CC.2.OA.4, CC.2.NBT.5, CC.2.NBT.6)

3. Pat tiene 3 hileras de caracoles. Hay 4 caracoles en cada hilera. ¿Cuántos caracoles tiene Pat en total? (Lección 3.11)

   ○ 7   ○ 10

   ○ 9   ○ 12

4. Kara contó 32 bolígrafos rojos, 25 bolígrafos azules, 7 bolígrafos negros y 24 bolígrafos verdes. ¿Cuántos bolígrafos contó Kara en total? (Lección 4.12)

   ○ 88   ○ 81

   ○ 87   ○ 78

5. Kai tenía 46 bloques. Le dio 39 bloques a su hermana. ¿Cuántos bloques le quedan a Kai? (Lección 5.8)

   ○ 8

   ○ 7

   ○ 6

   ○ 3

6. Una tienda tiene 55 carteles a la venta. Tiene 34 carteles de deportes. El resto son de animales. ¿Cuántos carteles son de animales? (Lección 5.5)

   ○ 89

   ○ 29

   ○ 21

   ○ 11

Separar sumandos de 3 dígitos

ESTÁNDARES COMUNES CC.2.NBT.7
Use place value understanding and
properties of operations to add and subtract.

Separa los sumandos para hallar el total.

1.
$$518 \longrightarrow \underline{\hphantom{000}} + \underline{\hphantom{000}} + \underline{\hphantom{000}}$$
$$+ 221 \longrightarrow \underline{\hphantom{000}} + \underline{\hphantom{000}} + \underline{\hphantom{000}}$$
$$\underline{\hphantom{000}} + \underline{\hphantom{000}} + \underline{\hphantom{000}} = \underline{\hphantom{000}}$$

2.
$$438 \longrightarrow \underline{\hphantom{000}} + \underline{\hphantom{000}} + \underline{\hphantom{000}}$$
$$+ 142 \longrightarrow \underline{\hphantom{000}} + \underline{\hphantom{000}} + \underline{\hphantom{000}}$$
$$\underline{\hphantom{000}} + \underline{\hphantom{000}} + \underline{\hphantom{000}} = \underline{\hphantom{000}}$$

3.
$$324 \longrightarrow \underline{\hphantom{000}} + \underline{\hphantom{000}} + \underline{\hphantom{000}}$$
$$+ 239 \longrightarrow \underline{\hphantom{000}} + \underline{\hphantom{000}} + \underline{\hphantom{000}}$$
$$\underline{\hphantom{000}} + \underline{\hphantom{000}} + \underline{\hphantom{000}} = \underline{\hphantom{000}}$$

RESOLUCIÓN DE PROBLEMAS EN EL MUNDO

Resuelve. Escribe o dibuja la explicación.

4. Hay 126 crayones en un balde. Un maestro
pone 144 crayones más en el balde.
¿Cuántos crayones hay en el balde ahora?

_____ crayons

Revisión de la lección (CC.2.NBT.7)

1. ¿Cuál es el total?

$$218 + 145$$

- ○ 263
- ○ 363
- ○ 463
- ○ 541

2. ¿Cuál es el total?

$$664 + 223$$

- ○ 441
- ○ 881
- ○ 887
- ○ 888

Repaso en espiral (CC.2.OA.2, CC.2.NBT.5, CC.2.NBT.6, CC.2.NBT.9)

3. ¿Cuál es el total? (Lección 4.2)

$$19 + 21 = ?$$

- ○ 41
- ○ 40
- ○ 39
- ○ 38

4. ¿Cuál es la operación de resta relacionada para $9 + 6 = 15$? (Lección 3.5)

- ○ $15 - 9 = 6$
- ○ $9 - 6 = 3$
- ○ $6 + 9 = 15$
- ○ $9 - 3 = 6$

5. Hay 25 peces dorados y 33 betas. ¿Cuántos peces hay en total? (Lección 4.7)

- ○ 8
- ○ 48
- ○ 58
- ○ 68

6. Resta 16 de 41. ¿Cuál es la diferencia?

(Lección 5.3)

- ○ 57
- ○ 35
- ○ 25
- ○ 16

Decenas	Unidades

Suma de 3 dígitos: Reagrupar unidades

ESTÁNDARES COMUNES CC.2.NBT.7
Use place value understanding and properties of operations to add and subtract.

Escribe el total.

1.

Centenas	Decenas	Unidades
	☐	
1	4	8
+ 2	3	4

2.

Centenas	Decenas	Unidades
	☐	
3	2	1
+ 3	1	8

3.

Centenas	Decenas	Unidades
	☐	
4	1	4
+ 1	7	9

4.

Centenas	Decenas	Unidades
	☐	
6	0	2
+ 2	5	8

RESOLUCIÓN DE PROBLEMAS EN EL MUNDO

Resuelve. Escribe o dibuja la explicación.

5. Hay 258 margaritas amarillas y
135 margaritas blancas en el jardín.
¿Cuántas margaritas hay en el jardín en total?

_____ margaritas

Revisión de la lección (CC.2.NBT.7)

1. ¿Cuál es el total?

Centenas	Decenas	Unidades
	☐	
4	3	5
+ 1	4	6

- ○ 311
- ○ 371
- ○ 571
- ○ 581

2. ¿Cuál es el total?

Centenas	Decenas	Unidades
	☐	
4	3	6
+ 3	0	6

- ○ 712
- ○ 730
- ○ 742
- ○ 832

Repaso en espiral (CC.2.OA.2, CC.2.NBT.5, CC.2.NBT.6, CC.2.NBT.7)

3. ¿Cuál es la diferencia? (Lección 3.6)

$$9 - 4 = \underline{\qquad}$$

- ○ 13
- ○ 9
- ○ 5
- ○ 3

4. ¿Cuál es el total? (Lección 4.7)

$$\begin{array}{r} 82 \\ + 59 \\ \hline \end{array}$$

- ○ 141
- ○ 64
- ○ 37
- ○ 23

5. ¿Cuál es el total? (Lección 3.6)

$$26 + 7 = \underline{\qquad}$$

- ○ 19
- ○ 32
- ○ 33
- ○ 34

6. Suma 243 y 132. ¿Cuántas centenas, decenas y unidades hay en total? (Lección 6.1)

- ○ 3 centenas 7 decenas 5 unidades
- ○ 2 centenas 7 decenas 5 unidades
- ○ 2 centenas 3 decenas 2 unidades
- ○ 1 centena 1 decena 1 unidad

Suma de 3 dígitos: Reagrupar decenas

ESTÁNDARES COMUNES CC.2.NBT.7
Use place value understanding and properties of operations to add and subtract.

Escribe el total.

1.

Centenas	Decenas	Unidades
☐	☐	
1	8	7
+ 2	3	2

2.

Centenas	Decenas	Unidades
☐	☐	
3	2	2
+ 3	5	6

3.

Centenas	Decenas	Unidades
☐	☐	
2	8	5
+ 5	3	1

4.

```
  4 4 5
+   3 4
-------
```

5.

```
  6 2 0
+ 2 8 8
-------
```

6.

```
  5 5 7
+ 1 8 0
-------
```

7.

```
  6 7 1
+ 1 5 4
-------
```

8.

```
  4 6 3
+ 4 8 1
-------
```

9.

```
  7 4 6
+ 1 3 3
-------
```

RESOLUCIÓN DE PROBLEMAS EN EL MUNDO

Resuelve. Escribe o dibuja la explicación.

10. Hay 142 carritos azules y
293 carritos rojos en la juguetería.
¿Cuántos carritos hay en total?

_____ carritos

Revisión de la lección (CC.2.NBT.7)

1. ¿Cuál es el total?

$$472 + 255$$

- ○ 623
- ○ 627
- ○ 727
- ○ 728

2. ¿Cuál es el total?

$$144 + 284$$

- ○ 328
- ○ 418
- ○ 428
- ○ 518

Repaso en espiral (CC.2.OA.2, CC.2.NBT.5, CC.2.NBT.7)

3. ¿Cuál es el total? (Lección 4.6)

$$56 + 38$$

- ○ 82
- ○ 84
- ○ 92
- ○ 94

4. ¿Cuál es el total? (Lección 6.3)

$$326 + 139$$

- ○ 465
- ○ 351
- ○ 259
- ○ 187

5. ¿Cuál es el total? (Lección 3.1)

$$8 + 9 = \underline{\qquad}$$

- ○ 19
- ○ 17
- ○ 9
- ○ 1

6. ¿Cuál es la diferencia? (Lección 5.5)

$$82 - 34$$

- ○ 25
- ○ 48
- ○ 52
- ○ 56

Suma: Reagrupar unidades y decenas

ESTÁNDARES COMUNES CC.2.NBT.7
Use place value understanding and properties of operations to add and subtract.

Escribe el total.

1.
$$\begin{array}{r} 547 \\ + 435 \\ \hline \end{array}$$

2.
$$\begin{array}{r} 367 \\ + 284 \\ \hline \end{array}$$

3.
$$\begin{array}{r} 485 \\ + 456 \\ \hline \end{array}$$

4.
$$\begin{array}{r} 187 \\ + 306 \\ \hline \end{array}$$

5.
$$\begin{array}{r} 647 \\ + 128 \\ \hline \end{array}$$

6.
$$\begin{array}{r} 523 \\ + 174 \\ \hline \end{array}$$

7.
$$\begin{array}{r} 255 \\ + 231 \\ \hline \end{array}$$

8.
$$\begin{array}{r} 294 \\ + 176 \\ \hline \end{array}$$

9.
$$\begin{array}{r} 375 \\ + 364 \\ \hline \end{array}$$

RESOLUCIÓN DE PROBLEMAS EN EL MUNDO

Resuelve. Escribe o dibuja la explicación.

10. Saúl y Luisa anotaron 167 puntos cada uno en un juego de computadora. ¿Cuántos puntos anotaron en total?

_____ puntos

Revisión de la lección (CC.2.NBT.7)

1. ¿Cuál es el total?

$$348 + 272$$

- ○ 136
- ○ 520
- ○ 510
- ○ 620

2. ¿Cuál es el total?

$$123 + 217$$

- ○ 314
- ○ 340
- ○ 330
- ○ 417

Repaso en espiral (CC.2.OA.1, CC.2.OA.2, CC.2.NBT.6, CC.2.NBT.9)

3. ¿Qué opción tiene el mismo total que 9 + 4? (Lección 3.3)

- ○ 10 + 3
- ○ 10 + 4
- ○ 10 + 5
- ○ 10 + 6

4. ¿Cuál es el total? (Lección 4.11)

$$32$$
$$15$$
$$+ 46$$

- ○ 47
- ○ 83
- ○ 78
- ○ 93

5. Suma 29 y 35. ¿Cuál es el total? (Lección 4.4)

Decenas	Unidades

- ○ 16
- ○ 64
- ○ 36
- ○ 95

6. Tom tenía 25 pretzels. Regaló 12 pretzels. ¿Cuántos pretzels le quedan a Tom? (Lección 5.10)

- ○ 4
- ○ 13
- ○ 37
- ○ 46

Resolución de problemas • Resta de 3 dígitos

ESTÁNDARES COMUNES CC.2.NBT.7
Use place value understanding and properties of operations to add and subtract.

Haz un modelo para resolver. Luego haz un dibujo rápido de tu modelo.

1. El sábado fueron 770 personas al puesto de bocadillos. El domingo fueron 628 personas. ¿Cuántas personas más fueron al puesto de bocadillos el sábado que el domingo?

_____ personas más

2. Había 395 vasos de helado de limón en el puesto de bocadillos. Se vendieron 177 vasos de helado de limón. ¿Cuántos vasos de helado de limón quedan en el puesto?

_____ vasos

3. Había 576 botellas de agua en el puesto de bocadillos. Se vendieron 469 botellas de agua. ¿Cuántas botellas de agua hay en el puesto ahora?

_____ botellas

4. Había 279 bolsas de manzanas secas en el puesto de bocadillos. Se vendieron 134 bolsas. ¿Cuántas bolsas de de manzanas secas hay en el puesto ahora?

_____ bolsas

Revisión de la lección (CC.2.NBT.7)

1. Hay 278 libros de matemáticas y ciencias. De ellos, 128 son libros de matemáticas. ¿Cuántos libros de ciencias hay?

- ○ 50
- ○ 140
- ○ 150
- ○ 406

2. Un libro tiene 176 páginas. El Sr. Roberts leyó 119 páginas. ¿Cuántas páginas le quedan por leer?

- ○ 55
- ○ 57
- ○ 67
- ○ 295

Repaso en espiral (CC.2.OA.2, CC.2.NBT.5, CC.2.NBT.6, CC.2.NBT.7)

3. ¿Cuál es el total? (Lección 3.4)

$$1 + 6 + 2 = \underline{}$$

- ○ 9
- ○ 8
- ○ 7
- ○ 4

4. ¿Cuál es la diferencia? (Lección 5.1)

$$54 - 8 = \underline{}$$

- ○ 62
- ○ 46
- ○ 44
- ○ 34

5. ¿Cuál es el total? (Lección 6.5)

$$\begin{array}{r} 356 \\ + 174 \\ \hline \end{array}$$

- ○ 182
- ○ 220
- ○ 451
- ○ 530

6. ¿Cuál es el total? (Lección 4.3)

$$\begin{array}{r} 22 \\ + 16 \\ \hline \end{array}$$

- ○ 47
- ○ 38
- ○ 18
- ○ 6

Resta de 3 dígitos: Reagrupar decenas

ESTÁNDARES COMUNES CC.2.NBT.7
Use place value understanding and properties of operations to add and subtract.

Resuelve. Escribe la diferencia.

1.

Centenas	Decenas	Unidades
	☐	☐
7	7	4
− 2	3	6

2.

Centenas	Decenas	Unidades
	☐	☐
5	5	1
− 1	1	3

3.

Centenas	Decenas	Unidades
	☐	☐
4	8	9
− 2	7	3

4.

Centenas	Decenas	Unidades
	☐	☐
7	7	2
− 2	5	4

RESOLUCIÓN DE PROBLEMAS EN EL MUNDO

Resuelve. Escribe o dibuja la explicación.

5. Había 985 lápices. Se vendieron algunos lápices. Luego quedaron 559 lápices. ¿Cuántos lápices se vendieron?

_____ lápices

Revisión de la lección (CC.2.NBT.7)

1. ¿Cuál es la diferencia?

$$346 - 127$$

- ○ 119
- ○ 219
- ○ 229
- ○ 473

2. ¿Cuál es la diferencia?

$$568 - 226$$

- ○ 342
- ○ 344
- ○ 742
- ○ 794

Repaso en espiral (CC.2.OA.1, CC.2.OA.4, CC.2.NBT.5, CC.2.NBT.7)

3. ¿Cuál es la diferencia? (Lección 5.1)

$$45 - 7 = \_\_\_$$

- ○ 32
- ○ 36
- ○ 38
- ○ 42

4. Leroy tiene 11 cubos. Jane tiene 15 cubos. ¿Cuántos cubos tienen en total? (Lección 4.10)

- ○ 4
- ○ 15
- ○ 19
- ○ 26

5. Mila pone 5 flores en cada florero. ¿Cuántas flores pondrá en 3 floreros? (Lección 3.10)

- ○ 5
- ○ 10
- ○ 15
- ○ 20

6. El Sr. Hill tiene 428 lápices. Reparte 150 lápices. ¿Cuántos lápices conserva? (Lección 6.6)

- ○ 278
- ○ 338
- ○ 350
- ○ 578

Resta de 3 dígitos: Reagrupar centenas

ESTÁNDARES COMUNES CC.2.NBT.7
Use place value understanding and properties of operations to add and subtract.

Resuelve. Escribe la diferencia.

1.

Centenas	Decenas	Unidades
☐	☐	☐
7	2	7
− 2	5	6

2.

Centenas	Decenas	Unidades
☐	☐	☐
9	6	7
− 1	5	3

3.

6	3	9
− 4	7	2

4.

4	4	8
− 3	6	3

RESOLUCIÓN DE PROBLEMAS  EN EL MUNDO

Resuelve. Escribe o dibuja la explicación.

5. Había 537 personas en el desfile. De esas personas, 254 tocaban un instrumento. ¿Cuántas personas no tocaban un instrumento?

_____ personas

Revisión de la lección (CC.2.NBT.7)

1. ¿Cuál es la diferencia?

$$538 - 135$$

- ○ 403
- ○ 463
- ○ 663
- ○ 673

2. ¿Cuál es la diferencia?

$$218 - 126$$

- ○ 82
- ○ 92
- ○ 132
- ○ 192

Repaso en espiral (CC.2.OA.2, CC.2.NBT.5, CC.2.NBT.6, CC.2.NBT.7)

3. ¿Cuál es la diferencia? (Lección 5.2)

$$52 - 15 = \underline{\quad}$$

- ○ 63
- ○ 43
- ○ 37
- ○ 33

4. ¿Cuál es el total? (Lección 3.2)

$$8 + 7 = \underline{\quad}$$

- ○ 1
- ○ 9
- ○ 14
- ○ 15

5. ¿Cuál es el total? (Lección 4.5)

$$47 + 26$$

- ○ 73
- ○ 65
- ○ 46
- ○ 21

6. ¿Cuál es la diferencia? (Lección 6.7)

$$392 - 173$$

- ○ 565
- ○ 361
- ○ 246
- ○ 219

Resta: Reagrupar centenas y decenas

ESTÁNDARES COMUNES CC.2.NBT.7
Use place value understanding and
properties of operations to add and subtract.

Resuelve. Escribe la diferencia.

1.
```
    8 1 6
  -  3 4 5
  ────────
```

2.
```
    9 4 2
  -  1 6 3
  ────────
```

3.
```
    7 9 6
  -  4 6 8
  ────────
```

4.
```
    7 2 3
  -  5 4 3
  ────────
```

5.
```
    9 8 6
  -  7 1 2
  ────────
```

6.
```
    5 4 7
  -  2 8 9
  ────────
```

RESOLUCIÓN DE PROBLEMAS  EN EL MUNDO

Resuelve.

7. El libro para colorear de Mila tiene 432 páginas.
   Ya coloreó 178 páginas. ¿Cuántas páginas
   del libro le falta colorear?

_____ páginas

Revisión de la lección

1. ¿Cuál es la diferencia?

$$349 - 187$$

- ○ 162
- ○ 242
- ○ 462
- ○ 536

2. ¿Cuál es la diferencia?

$$336 - 178$$

- ○ 242
- ○ 188
- ○ 168
- ○ 158

Repaso en espiral (CC.2.OA.1, CC.2.OA.2, CC.2.NBT.5, CC.2.NBT.7)

3. ¿Cuál es el total? (Lección 6.2)

$$246 + 533$$

- ○ 313
- ○ 719
- ○ 773
- ○ 779

4. ¿Cuál es la diferencia? (Lección 5.6)

$$38 - 14$$

- ○ 52
- ○ 24
- ○ 18
- ○ 12

5. ¿Cuál es la diferencia? (Lección 3.7)

$$17 - 9 = \underline{\quad}$$

- ○ 8
- ○ 9
- ○ 10
- ○ 12

6. Lisa tiene 15 margaritas. Regala 7 margaritas. Luego encuentra 3 margaritas más. ¿Cuántas margaritas tiene Lisa ahora? (Lección 5.11)

- ○ 25
- ○ 19
- ○ 13
- ○ 11

Reagrupar con ceros

COMMON CORE STANDARD CC.2.NBT.7
Use place value understanding and
properties of operations to add and subtract.

Resuelve. Escribe la diferencia.

1.
```
    8 0 6
  - 3 4 5
  _____
```

2.
```
    9 0 2
  - 7 8 3
  _____
```

3.
```
    7 9 4
  - 2 6 8
  _____
```

4.
```
    6 8 7
  - 1 4 4
  _____
```

5.
```
    5 0 5
  - 1 6 7
  _____
```

6.
```
    3 0 7
  - 1 5 4
  _____
```

RESOLUCIÓN DE PROBLEMAS  EN EL MUNDO

Resuelve.

7. Hay 303 estudiantes.
   Hay 147 niñas.
   ¿Cuántos niños hay?

   _____ niños

Revisión de la lección (CC.2.NBT.7)

1. ¿Cuál es la diferencia?

$$301 - 187$$

- ○ 114
- ○ 116
- ○ 186
- ○ 286

2. ¿Cuál es la diferencia?

$$406 - 268$$

- ○ 128
- ○ 138
- ○ 162
- ○ 262

Repaso en espiral (CC.2.OA.2, CC.2.NBT.5, CC.2.NBT.7, CC.2.NBT.9)

3. ¿Cuál es el total? (Lección 4.7)

$$35 + 79$$

- ○ 44
- ○ 62
- ○ 104
- ○ 114

4. ¿Cuál es el total? (Lección 6.4)

$$555 + 282$$

- ○ 847
- ○ 837
- ○ 737
- ○ 273

5. ¿Cuál es la diferencia? (Lección 3.6)

$$10 - 2 = \underline{\quad}$$

- ○ 12
- ○ 9
- ○ 8
- ○ 7

6. Resta 11 de 43. ¿Cuál es la diferencia? (Lección 5.3)

- ○ 32
- ○ 34
- ○ 42
- ○ 52

Práctica adicional del Capítulo 6

Lección 6.2 (págs. 285 a 288)

Separa los sumandos para hallar el total.

1.
$$121 \longrightarrow \underline{\hspace{2cm}} + \underline{\hspace{1cm}} + \underline{\hspace{1cm}}$$
$$+269 \longrightarrow \underline{\hspace{2cm}} + \underline{\hspace{1cm}} + \underline{\hspace{1cm}}$$

$$\underline{\hspace{2cm}} + \underline{\hspace{1cm}} + \underline{\hspace{1cm}} = \underline{\hspace{2cm}}$$

Lección 6.3 (págs. 289 a 292)

Escribe el total.

1.

Centenas	Decenas	Unidades
	☐	
6	5	8
+ 2	1	6

2.

Centenas	Decenas	Unidades
	☐	
4	0	3
+ 3	2	9

Lecciones 6.4 y 6.5 (págs. 293 a 299)

Escribe el total.

1.
$$\begin{array}{r} 2\ 9\ 3 \\ +\ 5\ 8\ 5 \\ \hline \end{array}$$

2.
$$\begin{array}{r} 3\ 6\ 8 \\ +\ 4\ 6\ 4 \\ \hline \end{array}$$

3.
$$\begin{array}{r} 1\ 7\ 6 \\ +\ 3\ 4\ 8 \\ \hline \end{array}$$

Lección 6.6 (págs. 301 a 304)

Haz un modelo para resolver.
Luego haz un dibujo rápido de tu modelo.

1. Hay 485 libros en los estantes y
114 libros en la mesa. ¿Cuántos
libros más hay en los estantes
que en la mesa?

_____ libros más

Lección 6.7 (págs. 305 a 308)

Resuelve. Escribe la diferencia.

1.

Centenas	Decenas	Unidades
	☐	☐
6	8	1
− 3	1	2

2.

Centenas	Decenas	Unidades
	☐	☐
7	3	4
− 5	2	6

Lección 6.8 (págs. 309 a 312)

Resuelve. Escribe la diferencia.

1.

6	1	3
− 2	8	3

2.

8	7	5
− 2	8	3

School-Home
Letter

Dear Family,

My class started Chapter 7 this week. In this chapter, I will learn about the values of coins and how to find the total value of a group of money. I will also learn how to tell time on analog clocks and digital clocks.

Love, _____

Vocabulary

penny a coin with a value of 1 cent

nickel a coin with a value of 5 cents

dime a coin with a value of 10 cents

quarter a coin with a value of 25 cents

dollar an amount equal to 100 cents

minute a unit of time

Home Activity

With your child, set up a play store together. Use objects such as food items or small toys. Put price tags on each object, using amounts less than one dollar. On a sheet of paper, have your child write the price of an object and then draw a group of coins that has that as its total value. Take turns doing this for several objects.

Literature

Reading math stories reinforces ideas. Look for these books at the library.

A Dollar for Penny
by Julie Glass
Random House Books for
Young Readers, 2000

**What Time Is It,
Mr. Crocodile?**
by Judy Sierra
Gulliver Books, 2004

Carta para la casa

Querida familia:

Mi clase comenzó el Capítulo 7 esta semana. En este capítulo, aprenderé el valor de las monedas y cómo hallar el valor total de un conjunto de dinero. También aprenderé a decir la hora en relojes analógicos y en relojes digitales.

Con cariño, _____

Vocabulario

moneda de 1¢ moneda con un valor de 1 centavo

moneda de 5¢ moneda con un valor de 5 centavos

moneda de 10¢ moneda con un valor de 10 centavos

moneda de 25¢ moneda con un valor de 25 centavos

dólar cantidad igual a 100 centavos

minuto unidad de tiempo

Actividad para la casa

Con su niño, jueguen a poner una tienda juntos. Usen objetos como artículos comestibles o juguetes pequeños. Pongan etiquetas con precios en cada objeto con cantidades menores que un dólar. En una hoja de papel, pida a su niño que escriba el precio de un objeto y que luego dibuje un grupo de monedas que tengan ese valor. Túrnense para hacer esto con varios objetos.

Literatura

Leer cuentos de matemáticas refuerza las ideas. Busque estos libros en la biblioteca.

A Dollar for Penny por Julie Glass. Random House Books for Young Readers, 2000.

What Time Is It, Mr. Crocodile? por Judy Sierra. Gulliver Books, 2004.

Monedas de 10¢, monedas de 5¢ y monedas de 1¢

ESTÁNDARES COMUNES CC.2.MD.8
Work with time and money.

Cuenta hacia adelante para hallar el valor total.

1.

_____

	valor total

2.

_____

	valor total

3.

	valor total

4.

	valor total

RESOLUCIÓN DE PROBLEMAS EN EL MUNDO

Resuelve. Escribe o dibuja la explicación.

5. Aaron tiene 5 monedas de 10¢ y 2 monedas de 5¢. ¿Cuánto dinero tiene Aaron?

_____

Revisión de la lección (CC.2.MD.8)

1. ¿Cuál es el valor total de este grupo de monedas?

○ 21¢   ○ 26¢   ○ 31¢   ○ 36¢

Repaso en espiral (CC.2.OA.2, CC.2.OA.4, CC.2.NBT.1, CC.2.NBT.2)

2. Hayden construye carritos. Cada carrito tiene 4 ruedas. ¿Cuántas ruedas necesitará Hayden para construir 3 carritos? (Lección 3.10)

○ 7

○ 8

○ 12

○ 16

3. ¿Cuál es el valor del dígito subrayado? (Lección 2.5)

4̲29

○ 4

○ 40

○ 44

○ 400

4. ¿Qué grupo de números muestra un conteo de cinco en cinco? (Lección 1.8)

○ 76, 75, 74, 73, 72

○ 55, 56, 57, 58, 59

○ 40, 45, 50, 55, 60

○ 10, 20, 30, 40, 50

5. ¿Cuál es la diferencia? (Lección 3.7)

$12 - 7 =$ _____

○ 5

○ 9

○ 10

○ 19

Monedas de 25¢

ESTÁNDARES COMUNES CC.2.MD.8
Work with time and money.

Cuenta hacia adelante para hallar el valor total.

1.

_____

valor total

2.

_____

valor total

3.

_____

valor total

RESOLUCIÓN DE PROBLEMAS EN EL MUNDO

Lee la pista. Elige el nombre
de una moneda de la caja
para responder la pregunta.

moneda de 5¢	moneda de 10¢
moneda de 25¢	moneda de 1¢

4. Tengo el mismo valor que un grupo
de 2 monedas de 10¢ y 1 moneda de 5¢.
¿Qué moneda soy?

_____

Revisión de la lección (CC.2.MD.8)

1. ¿Cuál es el valor total de este grupo de monedas?

○ 61¢   ○ 63¢   ○ 65¢   ○ 70¢

Repaso en espiral (CC.2.OA.1, CC.2.OA.3, CC.2NBT.3, CC.2NBT.4)

2. ¿Cuál de estos es un número impar? **(Lección 1.1)**

   ○ 8
   ○ 14
   ○ 17
   ○ 22

3. Kai anotó 4 puntos y Gail anotó 7 puntos. ¿Cuántos puntos anotaron en total? **(Lección 3.9)**

   ○ 15
   ○ 11
   ○ 10
   ○ 3

---

4. Había 382 sillas en el espectáculo. ¿Qué número es mayor que 382? **(Lección 2.11)**

   ○ 423
   ○ 328
   ○ 283
   ○ 182

5. ¿Cuál es otra manera de escribir el número 61? **(Lección 1.5)**

   ○ 16
   ○ sesenta y uno
   ○ 60 + 10
   ○ 6 decenas, 6 unidades

Nombre _____

Contar monedas

ESTÁNDARES COMUNES CC.2.MD.8
Work with time and money.

Dibuja y rotula las monedas desde la de mayor hasta la de menor valor. Halla el valor total.

1.

_____

2.

_____

3.

_____

RESOLUCIÓN DE PROBLEMAS EN EL MUNDO

Resuelve. Escribe o dibuja la explicación.

4. Rebecca tiene estas monedas.
   Gasta 1 moneda de 25¢.
   ¿Cuánto dinero le queda?

_____

Revisión de la lección (CC.2.MD.8)

1. ¿Cuál es el valor total de este grupo de monedas?

- ○ 22¢
- ○ 47¢
- ○ 51¢
- ○ 65¢

Repaso en espiral (CC.2.OA.2, CC.2.NBT.1, CC.2.NBT.3, CC.2.NBT.8)

2. ¿Qué número tiene 100 más que 562? **(Lección 2.9)**

- ○ 662
- ○ 572
- ○ 552
- ○ 462

3. ¿Cuál de estas es otra manera de escribir 58? **(Lección 1.4)**

- ○ 8 + 5
- ○ 50 + 8
- ○ 80 + 5
- ○ 50 + 80

4. ¿Cuál es el total? **(Lección 3.2)**

$$6 + 3 = \underline{\qquad}$$

- ○ 3
- ○ 6
- ○ 9
- ○ 18

5. ¿Qué números muestran los bloques? **(Lección 2.4)**

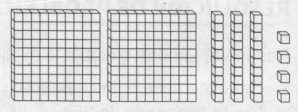

- ○ 134
- ○ 243
- ○ 234
- ○ 423

Mostrar cantidades de dos maneras

ESTÁNDARES COMUNES CC.2.MD.8
Work with time and money.

**Usa monedas. Muestra la cantidad de dos maneras.
Dibuja y rotula las monedas.**

1. 39¢

2. 70¢

3. 57¢

RESOLUCIÓN DE PROBLEMAS EN EL MUNDO

4. Delia usó menos de 5 monedas para pagar 60¢.
   Dibuja monedas que muestren una manera de pagar 60¢.

Revisión de la lección (CC.2.MD.8)

1. ¿Qué grupo de monedas tiene el mismo valor total?

○

○

○

○

Repaso en espiral (CC.2.OA.2, CC.2NBT.1, CC.2NBT.3)

2. ¿Cuál de estas es otra manera de mostrar el número 31? (Lección 1.6)

○ 1 decena, 3 unidades
○ 1 decena, 13 unidades
○ 2 decenas, 3 unidades
○ 2 decenas, 11 unidades

3. ¿Qué opción tiene el mismo valor que 13 decenas? (Lección 2.2)

○ 1 centena, 3 decenas
○ 3 centenas, 3 decenas
○ 3 decenas, 1 unidad
○ 1 decena, 3 unidades

4. ¿Cuál es el valor del dígito subrayado? (Lección 1.3)

2<u>8</u>

○ 2
○ 8
○ 18
○ 80

5. ¿Cuál es el total? (Lección 3.1)

$5 + 6 = \underline{\hspace{1cm}}$

○ 1
○ 10
○ 11
○ 13

Nombre _____

Un dólar

ESTÁNDARES COMUNES CC.2.MD.8
Work with time and money.

Encierra en un círculo monedas para formar $1.00.
Tacha las monedas que no uses.

1.

2.

3.

RESOLUCIÓN DE PROBLEMAS

4. Dibuja más monedas para mostrar $1.00 en total.

Revisión de la lección (CC.2.MD.8)

I. ¿Qué grupo de monedas tiene un valor de $1.00?

○   ○   ○

Repaso en espiral (CC.2.OA.3, CC.2.NBT.2, CC.2.NBT.3, CC.2.MD.8)

2. ¿Cuál es otra manera de escribir 692? (Lección 2.7)

○ seiscientos noventa y dos

○ $600 + 9 + 2$

○ seiscientos diecinueve

○ $60 + 90 + 2$

3. ¿Qué total es un número par? (Lección 1.2)

○ $5 + 4 = 9$

○ $6 + 5 = 11$

○ $7 + 7 = 14$

○ $8 + 9 = 17$

4. ¿Qué grupo de monedas tiene un valor de 40¢? (Lección 7.4)

○ 4 monedas de 25¢

○ 4 monedas de 10¢ y
  1 moneda de 5¢

○ 1 moneda de 25¢ y
  3 monedas de 5¢

○ 2 monedas de 10¢ y
  2 monedas de 1¢

5. ¿Qué grupo de números muestra un conteo de decena en decena? (Lección 1.9)

○ 110, 109, 108, 107

○ 115, 116, 117, 118

○ 220, 225, 230, 235

○ 230, 240, 250, 260

Cantidades mayores que $1

ESTÁNDARES COMUNES CC.2.MD.8
Work with time and money.

**Encierra en un círculo el dinero que forma $1.00.
Luego escribe el valor total del dinero que se muestra.**

1.

_____

2.

_____

3.

_____

RESOLUCIÓN DE PROBLEMAS EN EL MUNDO

Resuelve. Escribe o dibuja la explicación.

4. Grace encontró 3 monedas de 25¢,
   3 monedas de 10¢ y 1 moneda de
   5¢ en su bolsillo. ¿Cuánto dinero encontró?

_____

Revisión de la lección (CC.2.MD.8)

1. Julie tiene este dinero en su alcancía.
¿Cuál es el valor total de este dinero?

- ○ $1.10
- ○ $1.25
- ○ $1.30
- ○ $1.35

Repaso en espiral (CC.2.OA.2, CC.2.NBT.5, CC.2.NBT.8)

2. ¿Cuál es el total? (Lección 4.7)

$$\begin{array}{r} 7\,9 \\ +\,4\,2 \\ \hline \end{array}$$

- ○ 37
- ○ 111
- ○ 121
- ○ 127

3. ¿Cuál es la diferencia? (Lección 5.5)

$$\begin{array}{r} 6\,1 \\ -\,2\,7 \\ \hline \end{array}$$

- ○ 28
- ○ 34
- ○ 48
- ○ 88

---

4. ¿Qué número tiene 100 menos que 694? (Lección 2.9)

- ○ 594
- ○ 684
- ○ 704
- ○ 794

5. ¿Cuál de las siguientes operaciones tiene el mismo total que 6 + 5? (Lección 3.3)

- ○ 10 + 6
- ○ 10 + 5
- ○ 10 + 3
- ○ 10 + 1

© Houghton Mifflin Harcourt Publishing Company

Resolución de problemas • Dinero

ESTÁNDARES COMUNES CC.2.MD.8
Work with time and money.

**Usa monedas y billetes de juguete para resolver.
Haz un dibujo para mostrar lo que hiciste.**

1. Sara tiene 2 monedas de 25¢, 1 moneda de 5¢ y
   dos billetes de $1. ¿Cuánto dinero tiene Sara?

   _____

2. Brad tiene un billete de $1, 4 monedas de
   10¢ y 2 monedas de 5¢ en su alcancía.
   ¿Cuánto dinero tiene Brad en su alcancía?

   _____

3. El Sr. Morgan le dio 1 moneda de 25¢,
   3 monedas de 5¢, 4 monedas de 1¢ y un
   billete de $1 al empleado. ¿Cuánto dinero le
   dio el Sr. Morgan al empleado?

   _____

Revisión de la lección (CC.2.MD.8)

1. Luis tiene dos billetes de $1 y
4 monedas de 10¢. ¿Cuánto
dinero tiene Luis?

○ $1.40

○ $2.40

○ $2.50

○ $2.90

2. Dawn tiene 2 monedas de 25¢,
1 moneda de 5¢ y un billete de $1.
¿Cuánto dinero tiene Dawn?

○ $1.05

○ $1.25

○ $1.55

○ $2.55

Repaso en espiral (CC.2.OA.2, CC.2.NBT.3, CC.2.NBT.4, CC.2.NBT.8)

3. ¿Cuál es el valor del dígito
subrayado? (Lección 1.3)

56

○ 5

○ 6

○ 16

○ 60

4. ¿Cuál de la siguientes opciones es
verdadera? (Lección 2.12)

○ 342 > 243

○ 142 > 162

○ 280 > 306

○ 417 < 380

5. ¿Cuál es la diferencia? (Lección 3.6)

15 − 8 = _____

○ 7

○ 9

○ 15

○ 23

6. ¿Cuál es el siguiente número de
este patrón? (Lección 2.10)

225, 325, 425, 525,

○ 445

○ 535

○ 625

○ 645

La hora y la media hora

ESTÁNDARES COMUNES CC.2.MD.7
Work with time and money.

Observa las manecillas del reloj. Escribe la hora.

1.

2.

3.

4.

5.

6.

RESOLUCIÓN DE PROBLEMAS EN EL MUNDO

7. La lección de guitarra de Amy comienza a las 4:00. Dibuja las manecillas del reloj que muestren esa hora.

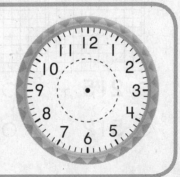

Revisión de la lección (CC.2.MD.7)

1. ¿Qué hora es en este reloj?

- ○ 3:00
- ○ 3:30
- ○ 4:00
- ○ 4:30

2. ¿Qué hora es en este reloj?

- ○ 12:00
- ○ 12:30
- ○ 6:00
- ○ 6:30

Repaso en espiral (CC.2.OA.3, CC.2.NBT.1, CC.2.NBT.4, CC.2.MD.8)

3. Rachel tiene un billete de $1, 3 monedas de 25¢ y 2 monedas de 1¢. ¿Cuánto dinero tiene Rachel? (Lección 7.7)

- ○ $1.32
- ○ $1.53
- ○ $1.77
- ○ $3.21

4. ¿Cuál de las siguientes opciones es verdadera? (Lección 2.12)

- ○ 185 = 581
- ○ 167 = 176
- ○ 273 > 304
- ○ 260 < 362

5. ¿Qué número muestran estos bloques? (Lección 2.3)

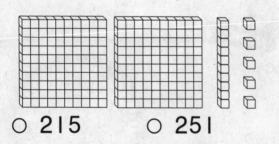

- ○ 215
- ○ 251
- ○ 512
- ○ 521

6. ¿Cuál de estos números es un número par? (Lección 1.1)

- ○ 1
- ○ 3
- ○ 4
- ○ 5

La hora cada 5 minutos

ESTÁNDARES COMUNES CC.2.MD.7
Work with time and money.

Observa las manecillas del reloj. Escribe la hora.

1.

2.

3.

4.

5.

6.

RESOLUCIÓN DE PROBLEMAS EN EL MUNDO

Dibuja el minutero para mostrar la hora.
Luego escribe la hora.

7. Mi horario apunta entre el 4 y el 5.
Mi minutero apunta al 9.
¿Qué hora muestro?

Revisión de la lección (CC.2.MD.7)

1. ¿Qué hora es en este reloj?

- ○ 8:05
- ○ 8:01
- ○ 1:40
- ○ 1:08

2. ¿Qué hora es en este reloj?

- ○ 4:07
- ○ 4:35
- ○ 7:20
- ○ 7:30

Repaso en espiral (CC.2.OA.1, CC.2.OA.2, CC.2.OA.4, CC.2.NBT.1a, CC.2.NBT.1b)

3. ¿Cuál es el total de $1 + 6 + 8$?

(Lección 3.4)

- ○ 16
- ○ 15
- ○ 13
- ○ 11

4. ¿Qué número tiene el mismo valor que 30 decenas? (Lección 2.1)

- ○ 3
- ○ 30
- ○ 300
- ○ 3010

5. Steven tiene 3 hileras de juguetes. Hay 4 juguetes en cada hilera. ¿Cuántos juguetes hay en total?

(Lección 3.11)

- ○ 4
- ○ 7
- ○ 8
- ○ 12

6. Jill tiene 14 botones. Compra 8 botones más. ¿Cuántos botones tiene Jill en total? (Lección 3.8)

- ○ 22
- ○ 20
- ○ 12
- ○ 6

Práctica: Decir la hora

ESTÁNDARES COMUNES CC.2.MD.7
Work with time and money.

Dibuja el minutero para mostrar la hora. Escribe la hora.

1. 7 y cuarto

2. 3 y media

3. 1 y 50 minutos

4. 11 y cuarto

5. 8 y 15 minutos

6. 6 y 5 minutos

RESOLUCIÓN DE PROBLEMAS  EN EL MUNDO

Dibuja las manecillas del reloj para resolver.

7. Josh llega a la escuela a las 8 y media.
   Muestra esta hora en el reloj.

Revisión de la lección (CC.2.MD.7)

1. ¿Qué hora es en este reloj?

- ○ 3 y cuarto
- ○ 3 y 6 minutos
- ○ 6 y cuarto
- ○ 6 y media

Repaso en espiral (CC.2.OA.4, CC.2.NBT.3, CC.2.MD.7, CC.2.MD.8)

2. ¿Cuál es el valor de este grupo de monedas? (Lección 7.3)

- ○ 21¢
- ○ 26¢
- ○ 31¢
- ○ 46¢

3. ¿Qué hora es en este reloj? (Lección 7.9)

- ○ 8:05
- ○ 7:15
- ○ 4:13
- ○ 3:35

4. ¿Cuál es otra manera de escribir 647? (Lección 2.6)

- ○ seiscientos cuarenta y siete
- ○ 60 + 40 + 7
- ○ 4 centenas 6 decenas 7 unidades
- ○ 674

Nombre _____

Uso de a. m. y p. m.

ESTÁNDARES COMUNES CC.2.MD.7
Work with time and money.

**Escribe la hora. Luego encierra
en un círculo a. m. o p. m.**

1. pasear al perro

a. m.

p. m.

2. terminar de desayunar

a. m.

p. m.

3. ponerse el pijama

a. m.

p. m.

4. leer un cuento para dormir

a. m.

p. m.

RESOLUCIÓN DE PROBLEMAS EN EL MUNDO

Usa las horas de la lista. Completa el problema.

5. Jess se levanta a las _____. Toma el

autobús a las _____ y va a la escuela.

Jess sale de la escuela a las _____.

3:15 p. m.
8:30 a. m.
7:00 a. m.

Revisión de la lección (CC.2.MD.7)

1. El reloj muestra cuando termina el partido de fútbol. ¿Qué hora es?

- ○ 4:50 a. m.
- ○ 10:20 a. m.
- ○ 4:50 p. m.
- ○ 10:20 p. m.

2. El reloj muestra cuándo papá va a trabajar. ¿Qué hora es?

- ○ 2:30 a. m.
- ○ 6:10 a. m.
- ○ 2:30 p. m.
- ○ 6:10 p. m.

Repaso en espiral (CC.2.NBT.3, CC.2.NBT.7, CC.2.MD.7, CC.2.MD.8)

3. ¿Qué moneda tiene el mismo valor que 25 monedas de 1¢? (Lección 7.2)

- ○ una moneda de 1¢
- ○ una moneda de 5¢
- ○ una moneda de 10¢
- ○ una moneda de 25¢

4. ¿Cuál de estas es otra manera de describir 72? (Lección 1.4)

- ○ 7 + 2
- ○ 20 + 7
- ○ 70 + 2
- ○ 70 + 20

5. ¿Cuál es el total? (Lección 6.3)

$$437 + 24$$

- ○ 461
- ○ 451
- ○ 431
- ○ 413

6. ¿Qué hora es las 3 y cuarto? (Lección 7.10)

- ○ 3:45
- ○ 3:15
- ○ 3:30
- ○ 2:45

Práctica adicional del Capítulo 7

Lecciones 7.1 y 7.2 (págs. 337 a 344) •

Cuenta hacia adelante para hallar el valor total.

I.

□ valor total

2.

□ valor total

Lección 7.3 (págs. 345 a 348) •

Dibuja y rotula las monedas desde la de mayor
hasta la de menor valor. Halla el valor total.

I.

_____

Lección 7.4 (págs. 349 a 352) •

Usa monedas. Muestra la cantidad de dos maneras.
Dibuja y rotula las monedas.

I.

56¢

Lección 7.5 (págs. 353 a 355)
Encierra en un círculo monedas
para formar $1.00. Tacha las monedas que no uses.

I.

Lecciones 7.8 y 7.9 (págs. 356 a 372)
Observa las manecillas del reloj. Escribe la hora.

I.

2.

3.

4.

5.

6.

School-Home Letter

Dear Family,

My class started Chapter 8 this week. In this chapter, I will learn about inches and feet. I will also learn about measuring tools and showing measurement data.

Love, _____

Vocabulary

foot unit of length

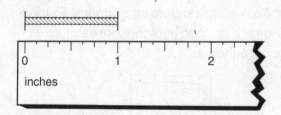

inches

inch 12 inches

yardstick A tool that shows 3 feet

Home Activity

Record each family member's height with masking tape in a doorway of your house. Measure the height in inches. Write each person's name and height on the tape.

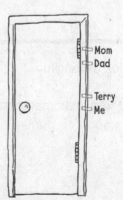

Literature

Reading math stories reinforces ideas. Look for these books at the library.

Measuring Penny by Loreen Leedy. Henry Holt and Company, 1998.

Twelve Snails to One Lizard by Susan Hightower. Simon & Schuster, 1997.

Carta
para la casa

Querida familia:

Mi clase comenzó el Capítulo 8 esta semana. En este capítulo, aprenderé sobre pulgadas y pies. También aprenderé acerca de instrumentos de medida y cómo mostrar datos de medidas.

Con cariño, _____

Vocabulario

pie 12 pulgadas

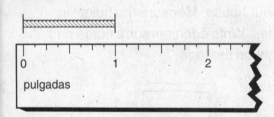

pulgada unidad de longitud

regla de 1 yarda instrumento con marcas que muestra 3 pies

Actividad para la casa

En el marco de una puerta, marque con cinta adhesiva la estatura de cada miembro de la familia. Mida la estatura en pulgadas. Escriba el nombre de cada persona y su estatura en la cinta adhesiva.

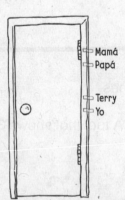

Literatura

La lectura de cuentos de matemáticas refuerza las ideas. Busque estos libros en la biblioteca.

Measuring Penny por Loreen Leedy. Henry Holt and Company, 1998.

Twelve Snails to One Lizard por Susan Hightower. Simon & Schuster, 1997.

Medir con modelos en pulgadas

ESTÁNDARES COMUNES CC.2.MD.1
Measure and estimate lengths in standard units.

Usa fichas cuadradas de colores.
Mide la longitud del objeto en pulgadas.

1.

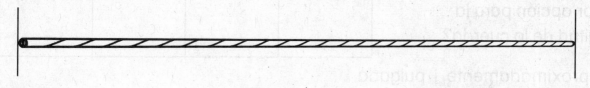

aproximadamente _____ pulgadas

2.

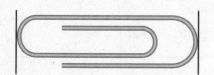

aproximadamente _____ pulgadas

3.

aproximadamente _____ pulgadas

4.

aproximadamente _____ pulgadas

RESOLUCIÓN DE PROBLEMAS  EN EL MUNDO

5. Observa tu salón de clases.
   Halla un objeto que mida aproximadamente 4 pulgadas de largo.
   Dibuja y rotula el objeto.

Revisión de la lección (CC.2.MD.1)

1. Jessie midió la cuerda con fichas cuadradas de colores. ¿Cuál es la mejor opción para la longitud de la cuerda?

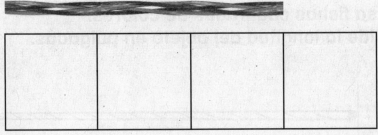

- ○ aproximadamente 1 pulgada
- ○ aproximadamente 2 pulgadas
- ○ aproximadamente 3 pulgadas
- ○ aproximadamente 4 pulgadas

Repaso en espiral (CC.2.NBT.5, CC.2.MD.7, CC.2.MD.8)

2. Adam tiene estas monedas. ¿Cuánto dinero es? (Lección 7.1)

- ○ 5¢
- ○ 20¢
- ○ 25¢
- ○ 40¢

3. Observa las manecillas del reloj. ¿Qué hora muestra el reloj?

(Lección 7.8)

- ○ 4:30
- ○ 5:00
- ○ 5:30
- ○ 6:00

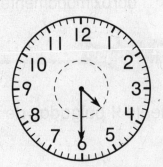

4. ¿Cuál es el total? (Lección 4.7)

$$\begin{array}{r} 84 \\ + 71 \\ \hline \end{array}$$

- ○ 165
- ○ 155
- ○ 53
- ○ 13

Hacer y usar una regla

ESTÁNDARES COMUNES CC.2.MD.1
Measure and estimate lengths in standard units.

**Mide la longitud con tu regla.
Cuenta las pulgadas.**

1.

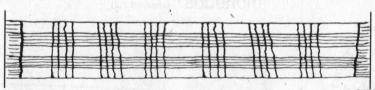

aproximadamente _____ pulgadas

2.

aproximadamente _____ pulgadas

3.

aproximadamente _____ pulgadas

4.

aproximadamente _____ pulgadas

RESOLUCIÓN DE PROBLEMAS 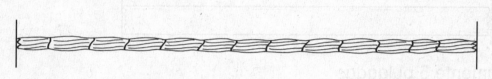 EN EL MUNDO

5. Usa tu regla. Mide la longitud de esta página en pulgadas.

aproximadamente _____ pulgadas

Revisión de la lección (CC.2.MD.1)

1. Usa tu regla ¿Qué opción describe mejor la longitud de esta cinta?

○ aproximadamente 5 pulgadas

○ aproximadamente 4 pulgadas

○ aproximadamente 3 pulgadas

○ aproximadamente 2 pulgadas

Repaso en espiral (CC.2.OA.4, CC.2.NBT.7, CC.2.MD.7, CC.2.MD.8)

2. ¿Qué hora muestra este reloj?

(Lección 7.9)

○ 9:15

○ 4:45

○ 3:45

○ 3:09

3. ¿Cuál es el valor total de estas monedas? (Lección 7.2)

○ 60¢   ○ 50¢

○ 55¢   ○ 35¢

4. El primer grupo reunió 238 latas. El segundo grupo reunió 345 latas. ¿Cuántas latas reunieron los dos grupos? (Lección 6.3)

○ 107

○ 573

○ 583

○ 585

5. Hay 2 niños en cada hilera. ¿Cuántos niños hay en 5 hileras?

(Lección 3.10)

○ 3

○ 5

○ 7

○ 10

Estimar longitudes en pulgadas

ESTÁNDARES COMUNES CC.2.MD.3
Measure and estimate lengths in standard units.

**La cuenta mide 1 pulgada de largo.
Encierra en un círculo la mejor estimación
de la longitud de la cuerda.**

1.

   1 pulgada   4 pulgadas   7 pulgadas

2.

   3 pulgadas   6 pulgadas   9 pulgadas

3.

   2 pulgadas   3 pulgadas   6 pulgadas

4.

   2 pulgadas   5 pulgadas   8 pulgadas

RESOLUCIÓN DE PROBLEMAS EN EL MUNDO

Resuelve. Escribe o dibuja la explicación.

5. Ashley tiene algunas cuentas. Cada cuenta mide
   2 pulgadas de largo. ¿Cuántas cuentas cabrán
   en una cuerda que mide 8 pulgadas de largo?

   _____ cuentas

Revisión de la lección (CC.2.MD.3)

1. La cuenta mide 1 pulgada de largo.
   ¿Cuál es la mejor estimación de la longitud de la cuerda?

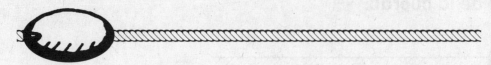

- ○ 1 pulgada
- ○ 3 pulgadas
- ○ 5 pulgadas
- ○ 7 pulgadas

Repaso en espiral (CC.2.OA.1, CC.2.NBT.6, CC.2.MD.7)

2. ¿Qué reloj muestra 5 minutos después de las 6? (Lección 7.10)

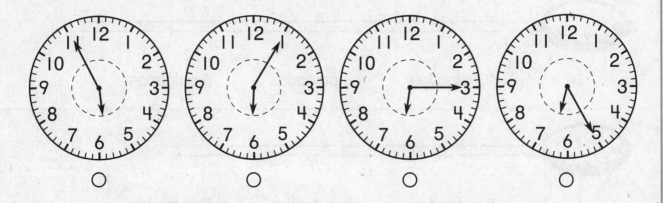

○   ○   ○   ○

3. Elsa lee 16 páginas de su libro el lunes y 26 páginas el martes. El libro tiene 64 páginas. ¿Cuántas páginas más le quedan a Elsa por leer? (Lección 5.11)

- ○ 106   ○ 32
- ○ 34   ○ 22

4. ¿Cuál es el total? (Lección 4.2)

$$38 + 24 = \_\_\_$$

- ○ 54
- ○ 60
- ○ 62
- ○ 66

Nombre _____

Medir con una regla en pulgadas

ESTÁNDARES COMUNES CC.2.MD.1
Measure and estimate lengths in standard units.

Mide la longitud a la pulgada más cercana.

1.

_____ pulgadas

2.

_____ pulgadas

3.

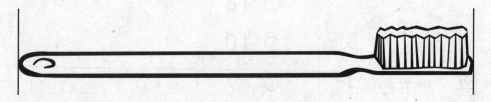

_____ pulgadas

4.

_____ pulgadas

RESOLUCIÓN DE PROBLEMAS

5. Mide la cuerda. ¿Cuál es su longitud total?

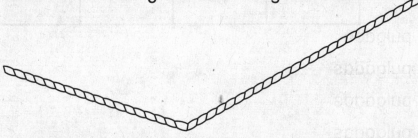

_____ pulgadas

Revisión de la lección (CC.2.MD.1)

1. Usa una regla de pulgadas. ¿Cuál es la longitud a la pulgada más cercana?

○ 1 pulgada

○ 2 pulgadas

○ 3 pulgadas

○ 4 pulgadas

2. Usa una regla de pulgadas. ¿Cuál es la longitud a la pulgada más cercana?

○ 2 pulgadas

○ 3 pulgadas

○ 4 pulgadas

○ 5 pulgadas

Repaso en espiral (CC.2.OA.2, CC.2.MD.1, CC.2.MD.7)

3. El reloj muestra la hora a la que Jen va a la escuela. ¿A qué hora va Jen a la escuela? (Lección 7.11)

○ 6:30 a.m.

○ 8:30 a.m.

○ 6:30 p.m.

○ 8:30 p.m.

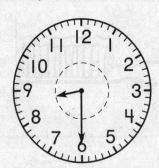

4. ¿Cuál es la diferencia? (Lección 3.7)

$$13 - 5 = \underline{\hspace{1cm}}$$

○ 18

○ 10

○ 9

○ 8

5. Cada ficha cuadrada mide aproximadamente 1 pulgada de largo. ¿Qué opción describe mejor la longitud de la cinta? (Lección 8.1)

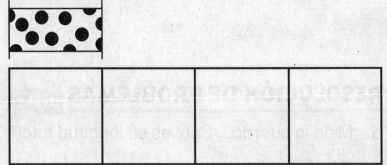

○ aproximadamente 1 pulgada

○ aproximadamente 2 pulgadas

○ aproximadamente 3 pulgadas

○ aproximadamente 4 pulgadas

Nombre _____

Resolución de problemas • Sumar y restar en pulgadas

ESTÁNDARES COMUNES CC.2.MD.5, CC.2.MD.6
Relate addition and subtraction to length.

Haz un diagrama. Escribe un enunciado numérico. Usa un ▇ para el número que falta. Resuelve.

1. Molly tiene una cinta que mide 23 pulgadas de largo. Corta 7 pulgadas de la cinta. ¿Cuál es el largo de la cinta ahora?

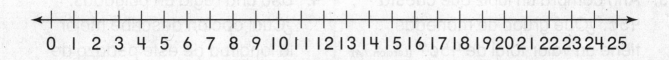

_____

La cinta de Molly ahora mide _____ pulgadas de largo.

2. Jed tiene una cadena de clips que mide 11 pulgadas de largo. Le agrega 7 pulgadas de clips a la cadena. ¿Cuál es el largo de la cadena de clips ahora?

_____

La cadena de clips ahora mide _____ pulgadas de largo.

Revisión de la lección (CC.2.MD.5, CC.2.MD.6)

1. Allie tiene dos cuerdas. Cada una mide 8 pulgadas de largo. ¿Cuántas pulgadas de cuerda tiene en total?

   ○ 16 pulgadas   ○ 14 pulgadas

   ○ 15 pulgadas   ○ 12 pulgadas

2. Jeff tiene un tren de cubos que mide 26 pulgadas de largo. Quita 12 pulgadas de cubos del tren. ¿Cuál es el largo del tren ahora?

   ○ 38 pulgadas   ○ 14 pulgadas

   ○ 18 pulgadas   ○ 12 pulgadas

Repaso en espiral (CC.2.MD.1, CC.2.MD.8)

3. Ann compra un lápiz que cuesta 45¢. ¿Qué grupo de monedas tiene un valor total de 45¢? (Lección 7.4)

   ○ 1 moneda de 25¢ y 1 moneda de 10¢

   ○ 1 moneda de 25¢ y 2 monedas de 10¢

   ○ 2 monedas de 25¢

   ○ 6 monedas de 5¢ y 1 moneda de 10¢

4. Usa una regla en pulgadas. ¿Cuál opción describe mejor la longitud de este pedazo de cuerda? (Lección 8.4)

   ○ aproximadamente 1 pulgada

   ○ aproximadamente 2 pulgadas

   ○ aproximadamente 3 pulgadas

   ○ aproximadamente 4 pulgadas

5. Jason tiene estas monedas en un frasco. ¿Cuál es el valor total de estas monedas? (Lección 7.3)

   ○ 30¢

   ○ 45¢

   ○ 50¢

   ○ 55¢

Medir en pulgadas y en pies

ESTÁNDARES COMUNES CC.2.MD.2
Measure and estimate lengths in standard units.

Mide a la pulgada más cercana.
Luego mide al pie más cercano.

Busca el objeto real.	Mide.
1. librero	_____ pulgadas _____ pies
2. ventana	_____ pulgadas _____ pies
3. silla	_____ pulgadas _____ pies

RESOLUCIÓN DE PROBLEMAS EN EL MUNDO

4. Jake tiene un pedazo de estambre que mide 4 pies de largo.
   Blair tiene un pedazo de estambre que mide 4 pulgadas de largo.
   ¿Quién tiene el pedazo de estambre más largo? Explica.

   _____

   _____

Revisión de la lección (CC.2.MD.2)

1. Larry habla con su hermana sobre el uso de una regla para medir la longitud. ¿Qué enunciado es verdadero?

   ○ 1 pie tiene menor longitud que 1 pulgada.

   ○ 1 pie tiene mayor longitud que 1 pulgada.

   ○ 1 pulgada tiene mayor longitud que 1 pie.

   ○ 1 pie tiene la misma longitud que 1 pulgada.

Repaso en espiral (CC.2.NBT.5, CC.2.NBT.7, CC.2.MD.7, CC.2.MD.8)

2. Matt se puso este dinero en el bolsillo. ¿Cuál es el valor total de este dinero? (Lección 7.6)

   ○ $1.01

   ○ $1.06

   ○ $1.10

   ○ $1.11

3. ¿Qué hora muestra este reloj?

   (Lección 7.9)

   ○ 12:50   ○ 1:50

   ○ 10:05   ○ 1:10

4. Ali tiene 38 tarjetas de juego. Su amigo le regala 15 tarjetas de juego más. ¿Cuántas tarjetas de juego tiene Ali ahora? (Lección 4.7)

   ○ 53

   ○ 48

   ○ 43

   ○ 23

Nombre _____

Estimar longitudes en pies

ESTÁNDARES COMUNES CC.2.MD.3
Measure and estimate lengths in standard units.

Busca cada objeto. Estima cuántas reglas de 12 pulgadas tendrán aproximadamente la misma longitud que el objeto.

1. puerta

   Estimación: _____ reglas o _____ pies

2. bandera

   Estimación: _____ reglas o _____ pies

3. pared de una habitación pequeña

   Estimación: _____ reglas o _____ pies

RESOLUCIÓN DE PROBLEMAS EN EL MUNDO

Resuelve. Escribe o dibuja la explicación.

4. El Sr. y la Sra. Barker colocan reglas de 12 pulgadas a lo largo de una alfombra. Cada uno coloca 3 reglas a lo largo del borde de la alfombra. ¿Cuál es la longitud de la alfombra?

   aproximadamente _____ pies

Revisión de la lección (CC.2.MD.3)

1. ¿Cuál es la mejor estimación de la longitud de una bicicleta?
   - ○ 1 pie
   - ○ 2 pies
   - ○ 5 pies
   - ○ 9 pies

2. ¿Cuál es la mejor estimación de la longitud de una pelota de fútbol americano?
   - ○ 1 pie
   - ○ 4 pies
   - ○ 5 pies
   - ○ 8 pies

Repaso en espiral (CC.2.NBT.5, CC.2.NBT.7, CC.2.MD.8)

3. ¿Qué grupo de monedas tiene el mismo valor que $1.00? (Lección 7.5)
   - ○ 2 monedas de 25¢, 2 monedas de 10¢, 3 monedas de 5¢
   - ○ 2 monedas de 25¢, 3 monedas de 10¢, 4 monedas de 5¢
   - ○ 2 monedas de 25¢, 4 monedas de 10¢, 3 monedas de 5¢
   - ○ 3 monedas de 25¢, 2 monedas de 10¢, 2 monedas de 5¢

4. ¿Qué grupo de monedas tiene un valor total de 37¢? (Lección 7.4)
   - ○ 3 monedas de 5¢, 7 monedas de 1¢
   - ○ 1 moneda de 25¢, 2 monedas de 10¢, 1 moneda de 5¢
   - ○ 2 monedas de 10¢, 3 monedas de 5¢, 2 monedas de 1¢
   - ○ 7 monedas de 25¢, 3 monedas de 10¢

5. Hay 68 niños en la escuela. Hay 19 niños en el patio. ¿Cuántos niños hay en la escuela que no están en el patio? (Lección 5.2)
   - ○ 87
   - ○ 79
   - ○ 49
   - ○ 47

6. ¿Cuál es el total? (Lección 6.3)

   $$548 + 436$$

   - ○ 112
   - ○ 912
   - ○ 974
   - ○ 984

Nombre _____

Elegir un instrumento

ESTÁNDARES COMUNES CC.2.MD.1
Measure and estimate lengths in standard units.

Elige el mejor instrumento para medir el objeto real. Luego mide y anota la longitud o la distancia.

> regla de pulgadas
> regla de 1 yarda
> cinta métrica

1. la longitud de tu escritorio

Instrumento: _____

Longitud: _____

2. la distancia alrededor de un cesto de basura

Instrumento: _____

Distancia: _____

RESOLUCIÓN DE PROBLEMAS EN EL MUNDO

Elige el mejor instrumento para medir.
Explica tu elección.

3. Mark quiere medir la longitud de su habitación. ¿Debería usar una regla de pulgadas o una regla de 1 yarda?

Mark debería usar _____ porque

_____

_____

Revisión de la lección (CC.2.MD.1)

1. Kim quiere medir la distancia alrededor de la llanta de su bicicleta. ¿Cuál es el mejor instrumento que puede usar?

   ○ taza

   ○ regla de 1 yarda

   ○ fichas cudradas de colores

   ○ cinta métrica

2. Ben quiere medir la longitud de un subibaja. ¿Cuál es el mejor instrumento que puede usar?

   ○ taza

   ○ regla de 1 yarda

   ○ fichas cudradas de colores

   ○ cinta métrica

Repaso en espiral (CC.2.MD.2, CC.2.MD.3, CC.2.MD.5, CC.2.MD.6)

3. ¿Cuál es la mejor estimación de la longitud de una hoja de papel?

   (Lección 8.7)

   ○ 1 pie

   ○ 3 pies

   ○ 6 pies

   ○ 10 pies

4. Andy tiene una cuerda que mide 24 pulgadas de largo. Corta 7 pulgadas de la cuerda. ¿Cuál es el largo de la cuerda ahora? (Lección 8.5)

   ○ 20 pulgadas

   ○ 17 pulgadas

   ○ 15 pulgadas

   ○ 9 pulgadas

5. Jan habla con su amigo sobre el uso de una regla para medir la longitud. ¿Qué enunciado es verdadero? (Lección 8.6)

   ○ 3 pulgadas tienen mayor longitud que 1 pie.

   ○ 1 pie tiene menor longitud que 3 pulgadas.

   ○ 1 pie tiene mayor longitud que 12 pulgadas.

   ○ 12 pulgadas tienen la misma longitud que 1 pie.

Mostrar datos de medida

ESTÁNDARES COMUNES CC.2.MD.9
Represent and interpret data.

I. Usa una regla en pulgadas.
Mide y anota las longitudes
de 4 libros en pulgadas.

I.er libro: _____ pulgadas	
2.o libro: _____ pulgadas	
3.er libro: _____ pulgadas	
4.o libro: _____ pulgadas	

2. Haz un diagrama de puntos con la información de arriba.
Escribe un título para el diagrama de puntos.
Luego escribe los números y dibuja las **X**.

```
|———————————+——————————+——————————|

_____     _____     _____

          _____
```

RESOLUCIÓN DE PROBLEMAS

3. Jesse midió la longitud de algunas cuerdas.
Usa su lista para completar el diagrama de puntos.

Longitud de las cuerdas
5 pulgadas
7 pulgadas
6 pulgadas
8 pulgadas
5 pulgadas

```
|———————————+——————————+——————————|

_____     _____     _____

          _____
```

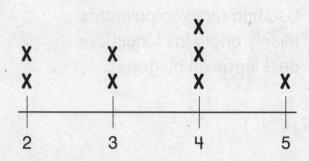
Revisión de la lección (CC.2.MD.9)

1. Usa el diagrama de puntos. ¿Cuántos palitos miden 4 pulgadas de largo?

   ○ 4

   ○ 3

   ○ 2

   ○ 1

```
                        X
        X       X       X
        X       X       X       X
        |-------|-------|-------|
        2       3       4       5
```

Longitud de los palitos en pulgadas

Repaso en espiral (CC.2.NBT.7, CC.2.MD.1, CC.2.MD.3, CC.2.MD.5, CC.2.MD.6)

2. Kim quiere medir una pelota. ¿Cuál es el mejor instrumento que Kim puede usar? (Lección 8.8)

   ○ cuenta

   ○ lápiz

   ○ clips

   ○ cinta métrica

3. ¿Cuál es la mejor estimación de la longitud del escritorio del maestro? (Lección 8.7)

   ○ 20 pies

   ○ 15 pies

   ○ 5 pies

   ○ 1 pie

4. Kurt tiene una cuerda de 12 pulgadas de largo. ¿Cuántas pulgadas de cuerda tiene en total? (Lección 8.5)

   ○ 7 pulgadas

   ○ 12 pulgadas

   ○ 17 pulgadas

   ○ 19 pulgadas

5. Una caja tiene 147 libros. La otra caja tiene 216 libros. ¿Cuántos libros hay en las dos cajas? (Lección 6.3)

   ○ 363

   ○ 361

   ○ 352

   ○ 349

ESTÁNDARES COMUNES CC.2.MD.1, CC.2.MD.2, CC.2.MD.3, CC.2.MD.9

Práctica adicional del Capítulo 8

Lección 8.1 (págs. 389 a 392)

Usa fichas cuadradas de colores. Mide la longitud del objeto en pulgadas.

I.

aproximadamente _____ pulgadas

Lección 8.3 (págs. 237 a 240)

La cuenta mide 1 pulgada de largo. Encierra en un círculo
la mejor estimación de la longitud de la cuerda.

I.

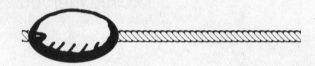

3 pulgadas   5 pulgadas   7 pulgadas

Lección 8.4 (págs. 237 a 240)

Mide la longitud a la pulgada más cercana.

I.

_____ pulgadas

Lección 8.6 (págs. 237 a 240)

Mide a la pulgada más cercana.
Luego mide al pie más cercano.

Busca el objeto real.	Mide.
I. silla	_____ pulgadas _____ pies

Lección 8.7 (págs. 241 a 244)

Busca cada objeto. Estima cuántas reglas de 12 pulgadas tendrán aproximadamente la misma longitud que el objeto.

1. mesa

Estimación: _____ reglas o _____ pies

Lección 8.8 (págs. 237 a 240)

Elige el mejor instrumento para medir el objeto real.
Luego mide y anota la longitud.

| regla en pulgadas |
| regla de una yarda |
| cinta métrica |

1. la longitud de una puerta

Instrumento: _____

Longitud: _____

Lección 8.9 (págs. 269 a 272)

1. Usa una regla de pulgadas. Mide y anota la longitud de 4 lápices en pulgadas.

2. Escribe un título para el diagrama de puntos. Luego escribe los números y dibuja las **X**.

| 1.er lápiz: _____ pulgadas |
| 2.o lápiz: _____ pulgadas |
| 3.er lápiz: _____ pulgadas |
| 4.o lápiz: _____ pulgadas |

School-Home Letter

Dear Family,

My class started Chapter 9 this week. In this chapter, I will learn how to measure using centimeters and meters. I will also solve problems about adding and subtracting lengths.

Love, _____

Vocabulary

centimeter unit of length

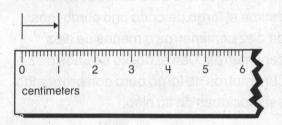

centimeters

meter 100 centimeters

Home Activity

Show your child an object that is about ten centimeters long. Have your child choose three or four more objects and estimate each length as more than ten centimeters or less than ten centimeters. Use the object that is about ten centimeters long to check your child's estimates.

Literature

Reading math stories reinforces ideas. Look for these books at the library.

How Tall, How Short, How Far Away?
by David Adler.
Holiday House, 2000.

Length
by Henry Arthur Pluckrose.
Children's Press, 1995.

Carta para la casa

Querida familia:

Mi clase comenzó el Capítulo 9 esta semana. En este capítulo, aprenderé a medir con centímetros y metros. También resolveremos problemas de suma y resta de longitudes.

Con cariño, _____

Vocabulario

centímetro unidad de longitud

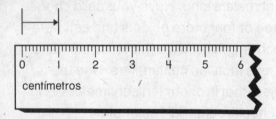

metro 100 centímetros

Actividad para la casa

Muestre a su niño un objeto de unos diez centímetros de largo. Pídale que elija tres o cuatro objetos más y que estime el largo de cada uno como más de diez centímetros o menos de diez centímetros. Use el objeto de unos diez centímetros de largo para comprobar las estimaciones de su niño.

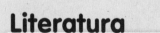

Literatura

La lectura de cuentos de matemáticas refuerza las ideas. Busque estos libros en la biblioteca.

How Tall, How Short, How Far Away?
por David Adler.
Holiday House, 2000.

Length
por Henry Arthur Pluckrose.
Children's Press, 1995.

Medir con un modelo de un centímetro

ESTÁNDARES COMUNES CC.2.MD.1
Measure and estimate lengths in standard units.

Usa un cubo de una unidad. Mide la longitud en centímetros.

1.

aproximadamente _____ centímetros

2.

aproximadamente _____ centímetros

3.

aproximadamente _____ centímetros

4.

aproximadamente _____ centímetros

RESOLUCIÓN DE PROBLEMAS EN EL MUNDO

Resuelve. Escribe o dibuja la explicación.

5. Susan tiene un lápiz que es 3 centímetros más corto que esta cuerda. ¿Cuál es el largo del lápiz?

aproximadamente _____ centímetros

Revisión de la lección (CC.2.MD.1)

1. Sarah midió la longitud de una cinta con cubos de una unidad.
¿Cuál es la mejor opción para la longitud de la cinta?

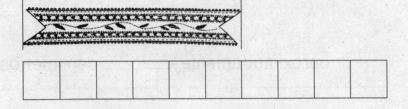

- ○ 1 centímetro
- ○ 4 centímetros
- ○ 6 centímetros
- ○ 10 centímetros

Repaso en espiral (CC.2.MD.5, CC.2.MD.6, CC.2.MD.7)

2. ¿Qué hora es en este reloj?

(Lección 7.8)

- ○ 12:00
- ○ 11:00
- ○ 10:00
- ○ 9:00

3. ¿Qué hora es en este reloj?

(Lección 7.9)

- ○ 8:20
- ○ 5:40
- ○ 5:08
- ○ 4:40

---

4. Dan tiene una tira de papel que mide 28 pulgadas de largo. Corta 6 pulgadas de la tira. ¿Cuál es el largo de la tira de papel ahora? (Lección 8.5)

- ○ 16 pulgadas
- ○ 22 pulgadas
- ○ 28 pulgadas
- ○ 34 pulgadas

5. Rita tiene 1 moneda de 25¢, 1 moneda de 10¢ y 2 monedas de 1¢. ¿Cuál es el valor total de las monedas de Rita? (Lección 7.3)

- ○ 41¢
- ○ 37¢
- ○ 26¢
- ○ 17¢

Estimar longitudes en centímetros

ESTÁNDARES COMUNES CC.2.MD.3
Measure and estimate lengths in standard units.

1. El mondadientes mide aproximadamente 6 centímetros de largo. Encierra en un círculo la mejor estimación de la longitud del estambre.

6 centímetros

9 centímetros

12 centímetros

2. El bolígrafo mide aproximadamente 11 centímetros de largo. Encierra en un círculo la mejor estimación de la longitud de la goma de borrar.

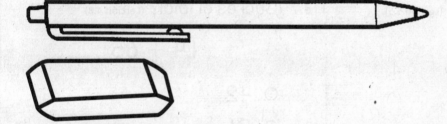

4 centímetros

10 centímetros

14 centímetros

3. La cuerda mide aproximadamente 6 centímetros de largo. Encierra en un círculo la mejor estimación de la longitud del crayón.

5 centímetros

9 centímetros

14 centímetros

RESOLUCIÓN DE PROBLEMAS EN EL MUNDO

4. La cuerda mide aproximadamente 6 centímetros de largo. Dibuja un lápiz que mida aproximadamente 12 centímetros de largo.

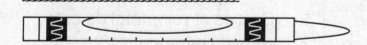

Revisión de la lección (CC.2.MD.3)

1. El lápiz mide aproximadamente 12 centímetros de largo. ¿Cuál es la mejor estimación de la longitud del estambre?

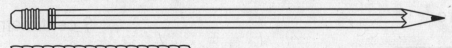

- ○ 5 centímetros
- ○ 10 centímetros
- ○ 12 centímetros
- ○ 24 centímetros

Repaso en espiral (CC.2.NBT.5, CC.2.MD.5, CC.2.MD.6, CC.2.MD.8)

2. ¿Cuál es la diferencia? (Lección 5.5)

$$58 - 23$$

- ○ 35
- ○ 53
- ○ 62
- ○ 81

3. ¿Cuál es el total? (Lección 4.8)

$$14 + 65$$

- ○ 42
- ○ 51
- ○ 54
- ○ 79

4. Adrian tiene un tren de cubos que mide 13 pulgadas de largo. Agrega 6 pulgadas de cubos al tren. ¿Cuál es el largo del tren de cubos ahora? (Lección 8.5)

- ○ 7 pulgadas
- ○ 11 pulgadas
- ○ 19 pulgadas
- ○ 27 pulgadas

5. ¿Cuál es el valor total de este grupo de monedas? (Lección 7.1)

- ○ 8¢
- ○ 17¢
- ○ 22¢
- ○ 26¢

Nombre _____

Medir con una regla en centímetros

ESTÁNDARES COMUNES CC.2.MD.1
Measure and estimate lengths in standard units.

Mide la longitud al centímetro más cercano.

1.

_____ centímetros

2.

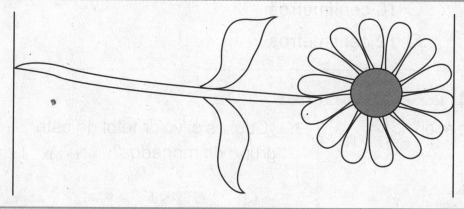

_____ centímetros

3.

_____ centímetros

RESOLUCIÓN DE PROBLEMAS EN EL MUNDO

4. Dibuja una cuerda que mida aproximadamente 8 centímetros de largo. Luego comprueba la longitud con una regla de centímetros.

Revisión de la lección (CC.2.MD.1)

1. Usa una regla en centímetros. ¿Cuál es la longitud de este lápiz al centímetro más cercano?

- ○ 5 centímetros
- ○ 6 centímetros
- ○ 10 centímetros
- ○ 12 centímetros

Repaso en espiral (CC.2.MD.7, CC.2.MD.8, CC.2.MD.9)

2. ¿Qué hora es en este reloj?

(Lección 7.9)

- ○ 1:20
- ○ 2:04
- ○ 3:25
- ○ 4:05

3. ¿Cuál es el valor total de este grupo de monedas? (Lección 7.1)

- ○ 16¢
- ○ 21¢
- ○ 35¢
- ○ 57¢

4. Usa el diagrama de puntos. ¿Cuántos lápices miden 5 pulgadas de largo? (Lección 8.9)

- ○ 7
- ○ 5
- ○ 2
- ○ 1

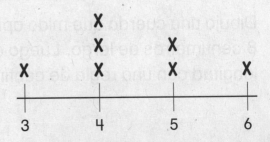

Longitudes de los lápices en pulgadas

Resolución de problemas • Sumar y restar longitudes

ESTÁNDARES COMUNES CC.2.MD.6, CC.2.MD.5
Relate addition and subtraction to length.

Haz un diagrama. Escribe un enunciado numérico con

un ▩ **en lugar del número que falta. Luego resuelve.**

I. Una pajilla mide 20 centímetros de largo.
El Sr. Jones corta 8 centímetros de la pajilla.
¿Cuál es el largo de la pajilla ahora?

_____

La pajilla ahora mide _____ centímetros de largo.

2. Elsa tiene un pedazo de estambre azul que mide 14 centímetros de largo.
Tiene un pedazo de estambre rojo que mide 9 centímetros de largo.
¿Cuántos centímetros de estambre tiene en total?

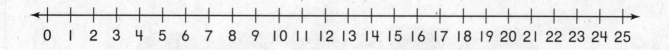

_____

Elsa tiene _____ centímetros de estambre en total.

Revisión de la lección (CC.2.MD.6, CC.2.MD.5)

1. Tina tiene una cadena de clips que mide 25 centímetros de largo. Quita 8 centímetros de la cadena. ¿Cuál es el largo de la cadena ahora?

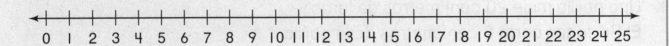

- ○ 13 centímetros
- ○ 17 centímetros
- ○ 23 centímetros
- ○ 33 centímetros

Repaso en espiral (CC.2.NBT.7, CC.2.MD.7, CC.2.MD.8)

2. ¿Cuál es el total? (Lección 6.3)

$$\begin{array}{r} 327 \\ + 145 \\ \hline \end{array}$$

- ○ 182
- ○ 262
- ○ 462
- ○ 472

3. ¿Cuál es otra manera de escribir la hora de las 7 y media? (Lección 7.10)

- ○ 6:30
- ○ 7:05
- ○ 7:30
- ○ 8:15

4. Molly tiene estas monedas en el bolsillo. ¿Cuánto dinero tiene en el bolsillo? (Lección 7.2)

- ○ 75¢
- ○ 70¢
- ○ 65¢
- ○ 55¢

Centímetros y metros

ESTÁNDARES COMUNES CC.2.MD.2
Measure and estimate lengths in standard units.

Mide al centímetro más cercano.
Luego mide al metro más cercano.

Busca el objeto real.	Mide.
1. estante	_____ centímetros _____ metros
2. ventana	_____ centímetros _____ metros
3. mapa	_____ centímetros _____ metros

RESOLUCIÓN DE PROBLEMAS EN EL MUNDO

4. Sally quiere medir la longitud de una pared tanto en centímetros como en metros. ¿Habrá menos centímetros o menos metros? Explica.

_____

_____

_____

Revisión de la lección (CC.2.MD.2)

1. Usa una regla en centímetros. ¿Cuál es la mejor opción para la longitud del cepillo de dientes?

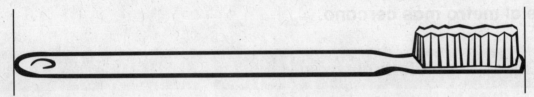

- ○ 4 centímetros
- ○ 14 centímetros
- ○ 20 centímetros
- ○ 25 centímetros

Repaso en espiral (CC.2.NBT.7, CC.2.MD.2, CC.2.MD.8)

2. ¿Qué grupo de monedas tiene un valor total de 65¢? (Lección 7.4)

- ○ 5 monedas de 10¢ y 3 monedas de 5¢
- ○ 50 monedas de 1¢
- ○ 1 moneda de 25¢ y 2 monedas de 10¢
- ○ 3 monedas de 10¢ y 7 monedas de 1¢

3. Janet tiene un cartel que mide aproximadamente 3 pies de largo. ¿Qué enunciado es verdadero? (Lección 8.6)

- ○ 3 pies es más corto que 12 pulgadas.
- ○ 3 pies es más largo que 12 pulgadas.
- ○ 12 pulgadas es igual a 3 pies.
- ○ 12 pulgadas es más largo que 3 pies.

4. ¿Cuál es el total? (Lección 6.4)

$$\begin{array}{r} 483 \\ + 162 \\ \hline \end{array}$$

- ○ 321
- ○ 421
- ○ 545
- ○ 645

5. ¿Qué grupo de monedas tiene un valor de $1.00? (Lección 7.5)

- ○ 4 monedas de 10¢
- ○ 3 monedas de 25¢ y 2 monedas de 5¢
- ○ 4 monedas de 25¢
- ○ 3 monedas de 25¢ y 3 monedas de 10¢

Estimar la longitud en metros

ESTÁNDARES COMUNES CC.2.MD.3
Measure and estimate lengths in standard units.

Busca el objeto real.
Estima su longitud en metros.

1. cartel

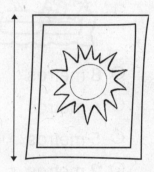

aproximadamente _____ metros

2. pizarrón

aproximadamente _____ metros

3. estante

aproximadamente _____ metros

RESOLUCIÓN DE PROBLEMAS EN EL MUNDO

4. Bárbara y Luke tienen 2 reglas de un metro cada uno.
   Las colocan extremo con extremo a lo largo de una
   mesa grande. Aproximadamente, ¿cuál es la longitud
   de la mesa?

aproximadamente _____ metros

Revisión de la lección (CC.2.MD.3)

1. ¿Cuál es la mejor estimación de la longitud de un bate de béisbol real?

- ○ 1 metro
- ○ 3 metros
- ○ 5 metros
- ○ 7 metros

2. ¿Cuál es la mejor estimación de la longitud de un sofá real?

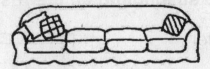

- ○ 8 metros
- ○ 6 metros
- ○ 5 metros
- ○ 2 metros

Repaso en espiral (CC.2.MD.1, CC.2.MD.8)

3. Sara tiene dos billetes de $1, 3 monedas de 25¢ y 1 moneda de 10¢. ¿Cuánto dinero tiene? (Lección 7.7)

- ○ $1.85
- ○ $2.40
- ○ $2.65
- ○ $2.85

4. Usa una regla de pulgadas. ¿Cuál es la longitud de esta pajilla a la pulgada más cercana? (Lección 8.2)

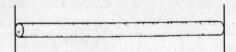

- ○ 4 pulgadas
- ○ 3 pulgadas
- ○ 2 pulgadas
- ○ 1 pulgada

5. Scott tiene este dinero en el bolsillo. ¿Cuál es el valor total de este dinero? (Lección 7.6)

- ○ $1.05
- ○ $1.15
- ○ $1.20
- ○ $1.35

Nombre _____

Medir y comparar longitudes

ESTÁNDARES COMUNES CC.2.MD.4
Measure and estimate lengths in standard units.

Mide la longitud de cada objeto. Escribe un enunciado numérico para hallar la diferencia entre las longitudes.

1.

_____ centímetros

_____ centímetros

_____ — _____ = _____
centímetros   centímetros   centímetros

El palito plano es _____ centímetros más largo que la tiza.

2.

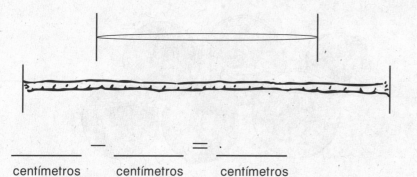

_____ centímetros

_____ centímetros

_____ — _____ = _____
centímetros   centímetros   centímetros

La cuerda es _____ centímetros más larga que el mondadientes.

RESOLUCIÓN DE PROBLEMAS EN EL MUNDO

Resuelve. Escribe o dibuja la explicación.

3. Una cuerda mide 11 centímetros de largo, una cinta mide 24 centímetros de largo, un clip grande mide 5 centímetros de largo. ¿Cuánto más larga es la cinta que la cuerda?

_____ centímetros más larga

Revisión de la lección (CC.2.MD.4)

1. ¿Cuánto más largo es el marcador que el clip?

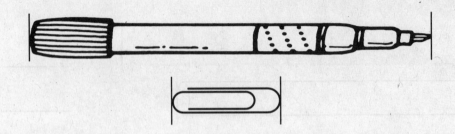

- ○ 11 centímetros más larga
- ○ 10 centímetros más larga
- ○ 8 centímetros más larga
- ○ 5 centímetros más larga

Repaso en espiral (CC.2.MD.3, CC.2.MD.7, CC.2.MD.8)

2. ¿Cuál es el valor total de estas monedas? (Lección 7.3)

- ○ 41¢
- ○ 66¢
- ○ 75¢
- ○ 78¢

3. ¿Cuál es la mejor estimación de la longitud de un pizarrón real?

(Lección 8.7)

- ○ 50 pies
- ○ 7 pies
- ○ 7 pulgadas
- ○ 1 pulgada

4. Cindy sale media hora después de las 2. ¿A qué hora sale Cindy?

(Lección 7.10)

- ○ 2:45
- ○ 2:30
- ○ 2:15
- ○ 1:30

Práctica adicional del Capítulo 9

Lección 9.1 (págs. 433 a 436)

Usa un cubo de una unidad.
Mide la longitud en centímetros.

1.

aproximadamente _____ centímetros

2.

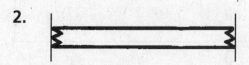

aproximadamente _____ centímetros

Lección 9.2 (págs. 437 a 440)

1. La hoja mide aproximadamente 6 centímetros
de largo. Encierra en un círculo la mejor
estimación de la longitud de la cuerda.

6 centímetros

9 centímetros

12 centímetros

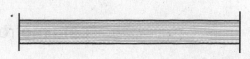

Lección 9.3 (págs. 441 a 444)

Mide la longitud al centímetro más cercano.

1.

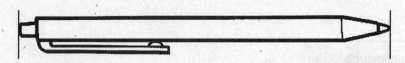

_____ centímetros

2.

_____ centímetros

Lección 9.5 (págs. 449 a 452)

Mide al centímetro más cercano.
Luego mide al metro más cercano.

Busca el objeto real.	**Mide.**
I. cartel	_____ centímetros
	_____ metros

Lección 9.6 (págs. 453 a 456)

Busca el objeto real.
Estima su longitud en metros.

I.

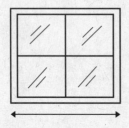

aproximadamente _____ metros

Lección 9.7 (págs. 457 a 460)

Mide la longitud de cada objeto. Escribe un enunciado
numérico para hallar la diferencia entre las longitudes.

I.

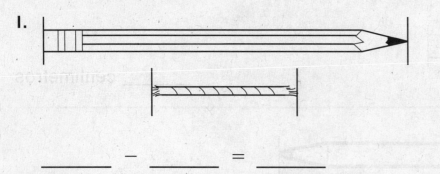

_____ centímetros

_____ centímetros

$$\underline{\hspace{2cm}} - \underline{\hspace{2cm}} = \underline{\hspace{2cm}}$$
centímetros   centímetros   centímetros

El lápiz es _____ centímetros más largo que la cuerda.

School-Home Letter

Dear Family,

My class started Chapter 10 this week. In this chapter, I will learn about collecting data, making graphs, and interpreting the data.

Love, _____

Vocabulary

picture graph A graph that uses pictures to show data

Apples Sold				
Eric	🔴	🔴		
Deb	🔴	🔴	🔴	🔴
Alex	🔴			

Key: Each 🔴 stands for 1 apple.

bar graph A graph that uses bars to show data

Home Activity

Take your child on a walk in your neighborhood. Help your child make a tally chart to record how many people you see driving, walking, and biking. Then talk with your child about the information that is in your tally chart.

How People Are Moving	
How Moving	**Tally**
driving	IIII II
walking	IIII
biking	II

Literature

Reading math stories reinforces learning. Look for these books at the library.

Tables and Graphs of Healthy Things by Joan Freese. Gareth Stevens Publishing, 2008.

Lemonade for Sale by Stuart J. Murphy. Harper Collins, 1998.

Carta
para la casa

Querida familia:

Mi clase comenzó el Capítulo 10 esta semana. En este capítulo, aprenderé a reunir datos, hacer gráficas y e interpretar datos.

Con cariño, _____

Vocabulario

gráfica con dibujos gráfica que muestra información mediante dibujos

Manzanas vendidas				
Eric	●	●		
Deb	●	●	●	●
Alex	●			

Clave: Cada ● representa 1 manzana.

gráfica de barras gráfica que muestra información mediante barras

Actividad para la casa

Dé un paseo con su niño por el vecindario. Ayúdelo a crear una tabla de conteo para anotar cuántas personas ven pasar en carro, a pie o en bicicleta. Luego conversen sobre la información de la tabla de conteo.

Cómo se mueve la gente	
Se mueven	**Conteo**
manejando	ЖHL II
caminando	IIII
en bicicleta	II

Literatura

Leer cuentos de matemáticas refuerza el aprendizaje. Busque estos libros en la biblioteca.

Table and Graphs of Healthy Things por Joan Freese. Gareth Stevens Publishing, 2008.

Lemonade for Sale por Stuart J. Murphy. Harper Collins, 1998.

Reunir datos

ESTÁNDARES COMUNES CC.2.MD.10
Represent and interpret data.

1. Haz una encuesta. Pregunta a
   10 compañeros cómo llegan a la escuela.
   Usa marcas de conteo para mostrar sus
   respuestas.

Cómo llegamos a la escuela	
Manera	**Conteo**
caminado	
en autobús	
en carro	
en bicicleta	

2. ¿Cuántos compañeros toman el
   autobús a la escuela?

   _____ compañeros

3. ¿Cuántos compañeros llegan
   en carro a la escuela?

   _____ compañeros

4. ¿De qué manera llegan menos
   compañeros a la escuela?

   _____

5. ¿De qué manera llegan más
   compañeros a la escuela?

   _____

6. ¿Llegan más compañeros a la
   escuela caminando o en carro?

   _____

   ¿Cuántos más?

   _____ compañeros más

Revisión de la lección (CC.2.MD.10)

1. Mira la tabla de conteo. ¿Qué color eligieron menos niños?

   ○ azul

   ○ verde

   ○ rojo

   ○ amarillo

Color preferido	
Color	Marca
azul	|||
verde	||||| |||||
rojo	||||| ||
amarillo	|||||	

Repaso en espiral (CC.2.MD.5, CC.2.MD.6, CC.2.MD.7, CC.2.MD.8)

2. ¿Qué grupo de monedas tiene un valor de $1.00? (Lección 7.5)

   ○ 10 monedas de 1¢

   ○ 10 monedas de 5¢

   ○ 10 monedas de 10¢

   ○ 10 monedas de 25¢

3. Jared tiene dos cuerdas. Cada cuerda mide 9 pulgadas de largo. ¿Cuántas pulgadas de cuerda tiene en total? (Lección 8.5)

   ○ 10 pulgadas   ○ 18 pulgadas

   ○ 16 pulgadas   ○ 21 pulgadas

4. El reloj muestra la hora a la que Luisa se va a la escuela. ¿A qué hora se va a la escuela? (Lección 7.11)

   ○ 3:40 a. m.   ○ 3:40 p. m.

   ○ 8:15 a. m.   ○ 8:15 p. m.

5. Liza terminó de estudiar a las 3 y media. ¿A qué hora terminó de estudiar Liza? (Lección 7.10)

   ○ 3:30

   ○ 3:15

   ○ 2:45

   ○ 2:15

Nombre _____

Leer gráficas con dibujos

ESTÁNDARES COMUNES CC.2.MD.10
Represent and interpret data.

Usa la gráfica con dibujos para
responder las preguntas.

Número de libros leídos						
Ryan	📕	📕	📕	📕		
Gwen	📕	📕				
Anna	📕	📕	📕	📕	📕	📕
Henry	📕	📕	📕			

Clave: Cada 📕 representa 1 libro.

1. ¿Cuántos libros leyeron Henry y Anna en total?   _____ libros

2. ¿Cuántos libros más que Gwen leyó Ryan?   _____ libros más

3. ¿Cuántos libros menos que Anna leyó Gwen?   _____ libros menos

4. ¿Cuántos libros leyeron los cuatro niños en total?   _____ libros

RESOLUCIÓN DE PROBLEMAS EN EL MUNDO

Usa la gráfica con dibujos de arriba. Escribe o dibuja la explicación.

5. Carlos leyó 4 libros. ¿Cuántos niños leyeron
menos libros que Carlos?

_____ niños

Revisión de la lección (CC.2.MD.10)

1. Usa la gráfica con dibujos. ¿Quién tiene la mayor cantidad de peces?

   ○ Jane

   ○ Will

   ○ Gina

   ○ Evan

Nuestros peces				
Jane	🐟			
Will	🐟	🐟	🐟	
Gina	🐟	🐟	🐟	🐟
Evan	🐟	🐟		

Clave: Cada 🐟 representa 1 pez.

Repaso en espiral (CC.2.MD.1, CC.2.MD.7, CC.2.MD.8)

2. ¿Qué hora es en este reloj?

   (Lección 7.9)

   ○ 1:55 ○ 3:05

   ○ 2:55 ○ 11:15

3. Cada cubo de una unidad mide aproximadamente 1 centímetro de largo. ¿Cuál es la mejor estimación de la longitud del clip? (Lección 9.1)

   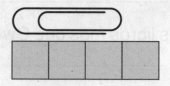

   ○ 1 centímetro

   ○ 3 centímetros

   ○ 4 centímetros

   ○ 8 centímetros

4. ¿Cuál es el valor total de este grupo de monedas? (Lección 7.2)

   ○ 61¢   ○ 60¢   ○ 56¢   ○ 52¢

Nombre _____

Hacer gráficas con dibujos

ESTÁNDARES COMUNES CC.2.MD.10
Represent and interpret data.

1. Usa la tabla de conteo para completar la gráfica con dibujos.
   Dibuja una ☺ por cada niño.

Galleta preferida	
Galleta	**Conteo**
chocolate	|||
avena	|
mantequilla de cacahuate	̶H̶H̶
escocesa	||||

Galleta preferida					
chocolate					
avena					
mantequilla de cacahuate					
escocesa					

Clave: Cada ☺ **representa 1 niño.**

2. ¿Cuántos niños eligieron chocolate? _____ niños

3. ¿Cuántos niños menos eligieron avena que
   mantequilla de cachahaute? _____ niños menos

4. ¿Qué galleta eligieron más niños?

   _____

5. ¿Cuántos niños en total eligieron una galleta preferida? _____ niños

6. ¿Cuántos niños eligieron avena o escocesa? _____ niños

Revisión de la lección (CC.2.MD.10)

1. Usa la gráfica con dibujos.
   ¿Cuántos días lluviosos más
   que en mayo hubo en abril?

   - ○ 2
   - ○ 4
   - ○ 6
   - ○ 12

Número de días lluviosos					
marzo	☂	☂	☂	☂	☂
abril	☂	☂	☂	☂	
mayo	☂	☂			

   Clave: Cada ☂ representa I día.

Repaso en espiral (CC.2.MD.1, CC.2.MD.8)

2. Rita tiene un billete de $1, 2
   monedas de 25¢ y 3 monedas
   de 10¢. ¿Cuál es el valor total del
   dinero de Rita? (Lección 7.7)

   - ○ $1.23
   - ○ $1.35
   - ○ $1.42
   - ○ $1.80

3. Lucas puso 4 monedas de 25¢ y
   3 monedas de 5¢ en su alcancía.
   ¿Cuánto dinero puso Lucas en su
   alcancía? (Lección 7.6)

   - ○ $1.15
   - ○ $1.25
   - ○ $1.30
   - ○ $1.75

4. Usa una regla en centímetros.
   ¿Cuál es la mejor opción para la
   longitud de esta cuerda? (Lección 9.3)

   - ○ 2 centímetros
   - ○ 4 centímetros
   - ○ 6 centímetros
   - ○ 10 centímetros

5. ¿Cuál es el valor total de este grupo
   de monedas? (Lección 7.1)

   - ○ 8¢
   - ○ 17¢
   - ○ 21¢
   - ○ 26¢

Leer gráficas de barras

ESTÁNDARES COMUNES CC.2.MD.10
Represent and interpret data.

Usa la gráfica de barras.

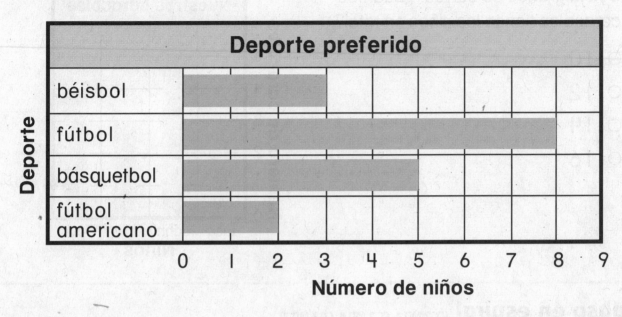

Deporte preferido

Deporte: béisbol, fútbol, básquetbol, fútbol americano

Número de niños: 0 1 2 3 4 5 6 7 8 9

1. ¿Cuántos niños eligieron básquetbol? _____ niños

2. ¿Qué deporte eligieron más niños? _____

3. ¿Cuántos niños más eligieron básquetbol
   que béisbol? _____ niños más

4. ¿Qué deporte eligieron menos niños? _____

5. ¿Cuántos niños eligieron un deporte que no fuera fútbol? _____ niños

RESOLUCIÓN DE PROBLEMAS

6. ¿Cuántos niños eligieron
   béisbol o básquetbol?

   _____ niños

Revisión de la lección (CC.2.MD.10)

1. Usa la gráfica de barras. ¿Cuántos caracoles tienen los niños en total?

   ○ 10

   ○ 12

   ○ 14

   ○ 16

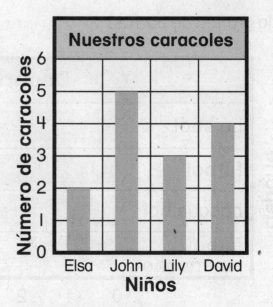

Repaso en espiral (CC.2.MD.1, CC.2.MD.8, CC.2.MD.9)

2. Usa el diagrama de puntos. ¿Cuántas ramitas miden 3 pulgadas de largo? **(Lección 8.9)**

   ○ 8

   ○ 5

   ○ 4

   ○ 3

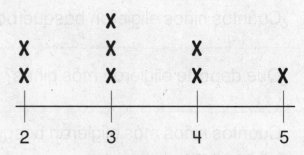

Longitud de las ramitas en pulgadas

3. Usa una regla en centímetros. ¿Cuál es la mejor opción de la longitud del estambre? **(Lección 9.3)**

   ○ 7 centímetros

   ○ 4 centímetros

   ○ 2 centímetros

   ○ 1 centímetro

4. Noah compra un lápiz. Paga con 1 moneda de 25¢ y 2 monedas de 5¢. ¿Cuánto cuesta el lápiz?

   (Lección 7.4)

   ○ 45¢

   ○ 35¢

   ○ 30¢

   ○ 27¢

Hacer gráficas de barras

ESTÁNDARES COMUNES CC.2.MD.10
Represent and interpret data.

Maria preguntó a sus amigos cuántas horas
por semana practicaban fútbol.

- Jessie practica 3 horas.
- Samantha practica 5 horas.
- Victor practica 2 horas.
- David practica 6 horas.

1. Escribe un título y rótulos para la gráfica de barras.

2. Dibuja barras en la gráfica para mostrar los datos.

Jessie											
Victor											
Samantha											
David											

0 1 2 3 4 5 6 7 8 9 10

_____

3. ¿Qué amigo practica fútbol la mayor
cantidad de horas por semana?

_____

RESOLUCIÓN DE PROBLEMAS EN EL MUNDO

4. ¿Qué amigos practican fútbol menos
de 4 horas por semana?

_____

Revisión de la lección (CC.2.MD.10)

1. Usa la gráfica de barras. ¿Cuántos niños más eligieron verano que primavera?

   ○ 2
   ○ 3
   ○ 5
   ○ 8

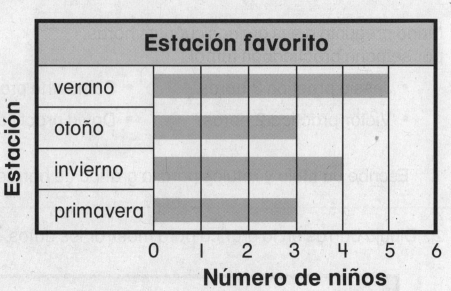

Estación favorito

Estación: verano, otoño, invierno, primavera

Número de niños: 0 1 2 3 4 5 6

Repaso en espiral (CC.2.MD.1, CC.2.MD.5, CC.2.MD.6, CC.2.MD.7, CC.2.MD.8)

2. La cadena de Rachel mide 22 centímetros de largo. Le quita 9 centímetros a la cadena. ¿Cuál es el largo de la cadena de Rachel ahora? (Lección 9.4)

   ○ 31 centímetros
   ○ 29 centímetros
   ○ 17 centímetros
   ○ 13 centímetros

3. Usa una regla en pulgadas. ¿Cuál es la longitud de la cuerda a la pulgada más cercana? (Lección 8.4)

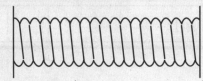

   ○ 1 pulgada   ○ 4 pulgadas
   ○ 2 pulgadas   ○ 6 pulgadas

4. Gail terminó de estudiar a la 1 y cuarto. ¿A qué hora terminó de estudiar Gail? (Lección 7.11)

   ○ 1:15
   ○ 3:50
   ○ 4:30
   ○ 5:45

5. Jill tiene dos billetes de $1, 1 moneda de 25¢ y 1 moneda de 5¢. ¿Cuánto dinero tiene Jill?

   (Lección 7.7)

   ○ $2.35
   ○ $2.30
   ○ $2.05
   ○ $1.30

Resolución de problemas •
Mostrar datos

ESTÁNDARES COMUNES CC.2.MD.10
Represent and interpret data.

Haz una gráfica de barras para resolver el problema.

febrero	8 libros
marzo	7 libros
abril	6 libros
mayo	4 libros

1. La lista muestra el número de libros que Abby leyó por mes. Describe cómo cambió de febrero a mayo el número de libros que leyó.

febrero										
marzo										
abril										
mayo										

0 1 2 3 4 5 6 7 8 9 10

_____

El número de libros _____

_____

2. ¿Cuántos libros leyó Abby entre febrero y marzo en total?   _____ libros

3. ¿Cuántos libros menos leyó Abby en abril que en febrero?   _____ libros menos

4. ¿En qué meses leyó Abby menos de 7 libros?   _____

Revisión de la lección (CC.2.MD.10)

1. Usa la gráfica de barras. ¿Cuál de las siguientes opciones describe el cambio en el número de horas de la semana 1 a la semana 4?

   ○ El número de horas disminuyó.

   ○ El número de horas aumentó y luego disminuyó.

   ○ El número de horas aumentó.

   ○ El número de horas permaneció igual.

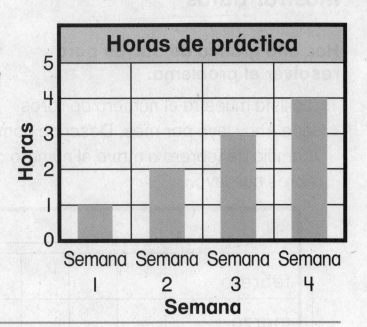

Horas de práctica

Horas / Semana

Semana 1   Semana 2   Semana 3   Semana 4

Repaso en espiral (CC.2.MD.3, CC.2.MD.8)

2. La cuerda mide aproximadamente 10 centímetros de largo. ¿Cuál es la mejor estimación de la longitud de la pluma? (Lección 9.2)

   ○ 2 centímetros   ○ 10 centímetros

   ○ 5 centímetros   ○ 20 centímetros

3. ¿Cuál es el valor total de este grupo de monedas? (Lección 7.3)

   ○ 55¢   ○ 40¢

   ○ 50¢   ○ 28¢

4. Rick tiene un billete de $1, 2 monedas de 10¢ y 3 monedas de 1¢. ¿Cuánto dinero tiene Rick?

(Lección 7.6)

   ○ $1.72

   ○ $1.53

   ○ $1.40

   ○ $1.23

Práctica adicional del Capítulo 10

Lección 10.2 (págs. 473 a 476) ·

Usa la gráfica con dibujos.

Sabor preferido					
vainilla	☺	☺	☺		
chocolate	☺	☺	☺	☺	
fresa	☺	☺	☺	☺	☺
menta	☺	☺			

Clave: Cada ☺ representa 1 niño.

1. ¿Cuántos eligieron chocolate? _____ niños

2. ¿Qué sabor eligieron más niños? _____

3. ¿Cuántos niños eligieron un sabor preferido en total? _____ niños

Lección 10.3 (págs. 477 a 479) ·

1. Usa la tabla de conteo para completar la gráfica con dibujos.
   Dibuja una ● por cada libro.

Número de libros leídos	
Nombre	**Conteo**
Maya	IIII
Gabe	IIIII
Tia	III
Cathy	I

Número de libros leídos					
Maya					
Gabe					
Tia					
Cathy					

Clave: Cada ● representa 1 libro.

2. ¿Quién leyó más de 4 libros? _____

Lección 10.4 (págs. 481 a 484)

Usa la gráfica de barras.

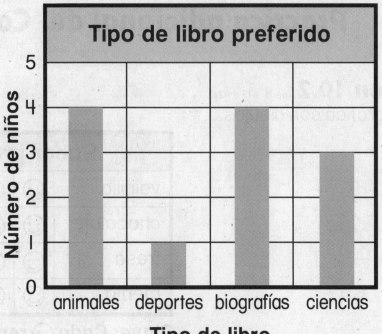

Tipo de libro preferido

Número de niños

animales deportes biografías ciencias

Tipo de libro

1. ¿Qué tipo de libro eligieron menos niños? _____

2. ¿Cuántos niños eligieron un libro preferido en total? _____ niños

Lección 10.5 (págs. 485 a 488)

Robin tiene 5 cuentas rojas, 7 cuentas azules,
8 cuentas amarillas y 5 cuentas verdes.

1. Escribe un título y rótulos. Dibuja barras para mostrar los datos.

rojo										
azul										
amarillo										
verde										

0 1 2 3 4 5 6 7 8 9

School-Home Letter

Dear Family:

My class started Chapter 11 this week. In this chapter, I will learn about three-dimensional and two-dimensional shapes. I will also learn about equal parts of a whole.

Love, _____

Vocabulary

quadrilateral

cone

pentagon

cylinder

hexagon

cube

Home Activity

Name a two-dimensional shape: triangle, quadrilateral, pentagon, or hexagon. With your child, look for an object that has that shape.

Repeat the activity using a three-dimensional shape: cube, rectangular prism, sphere, cylinder, or cone.

Literature

Reading math stories reinforces learning. Look for these books at the library.

Shape Up! by David Adler. Holiday House, 1998.

The Village of Round and Square Houses by Ann Grifalconi. Little, Brown and Company, 1986.

Carta para la Casa

Querida familia:

Mi clase comenzó el Capítulo 11 esta semana. En este capítulo, aprenderé sobre figuras bidimensionales y tridimensionales. También aprenderé sobre las partes iguales de un entero.

Con cariño, _____

Vocabulario

cuadrilátero

cono

pentágono

cilindro

hexágono

cubo

Actividad para la casa

Nombre alguna figura bidimensional, como triángulo, cuadrilátero, pentágono o hexágono. Con su niño busquen un objeto que tenga esa forma.

Repitan la actividad con una figura tridimensional, como un cubo, un prisma rectangular, una esfera, un cilindro o un cono.

Literatura

Leer cuentos de matemáticas refuerza el aprendizaje. Busque estos libros en la biblioteca.

Shape Up!
por David Adler.
Holiday House,
1998

The Village of Round and Square Houses
por Ann Grifalconi. Little, Brown and Company, 1986.

Figuras tridimensionales

ESTÁNDARES COMUNES CC.2.G.1
Reason with shapes and their attributes.

Encierra en un círculo los objetos que coincidan con el nombre de la figura.

1. cubo			C B A
2. cono			
3. prisma rectangular			
4. cilindro			

RESOLUCIÓN DE PROBLEMAS EN EL MUNDO

5. Lisa dibujó un círculo trazando el contorno del fondo de un bloque. ¿Cuál podría ser la forma del bloque de Lisa?

cono　　　　　cubo　　　　　prisma rectangular

Revisión de la lección (CC.2.G.1)

1. ¿Cuál es el nombre de esta figura?

- ○ cubo
- ○ cono
- ○ cilindro
- ○ esfera

2. ¿Cuál es el nombre de esta figura?

- ○ prisma rectangular
- ○ cubo
- ○ esfera
- ○ cono

Repaso en espiral (CC.2.MD.3, CC.2.MD.7, CC.2.MD.8)

3. La cuerda mide aproximadamente 6 centímetros de largo. ¿Cuál es la mejor estimación de la longitud del crayón? (Lección 9.2)

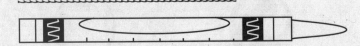

- ○ 3 centímetros
- ○ 4 centímetros
- ○ 9 centímetros
- ○ 12 centímetros

4. ¿Cuál es el valor total de este grupo de monedas? (Lección 7.1)

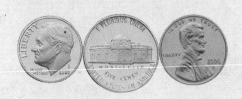

- ○ 3¢
- ○ 11¢
- ○ 15¢
- ○ 16¢

5. ¿Qué hora muestra este reloj? (Lección 7.8)

- ○ 6:00
- ○ 10:06
- ○ 10:30
- ○ 11:00

Propiedades de las figuras tridimensionales

ESTÁNDARES COMUNES CC.2.G.1
Reason with shapes and their attributes.

Encierra en un círculo el conjunto de figuras que sean las caras de la figura tridimensional.

I.

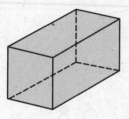

prisma rectangular

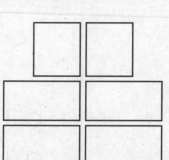

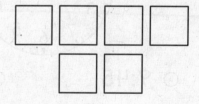

2.

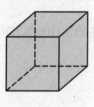

cubo

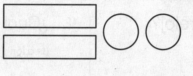

3.

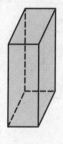

prisma rectangular

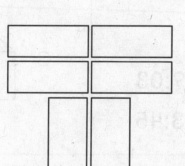

RESOLUCIÓN DE PROBLEMAS EN EL MUNDO

4. Kevin guarda sus canicas en un recipiente que tiene la forma de un cubo. Quiere pintar cada cara de un color determinado. ¿Cuántos colores de pintura necesita?

_____ colores de pintura

Revisión de la lección (CC.2.G.1)

1. ¿Cuántas caras tiene un cubo?

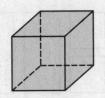

- ○ 8
- ○ 7
- ○ 6
- ○ 5

2. ¿Cuántas caras tiene un prisma rectangular?

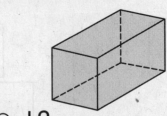

- ○ 12
- ○ 10
- ○ 8
- ○ 6

Repaso en espiral (CC.2.MD.7, CC.2.MD.9, CC.2.MD.10, CC.2.G.1)

3. ¿Qué hora muestra este reloj?

(Lección 7.9)

- ○ 9:45
- ○ 9:15
- ○ 9:03
- ○ 3:45

4. ¿Cuál de estas figuras es un cono?

(Lección 11.1)

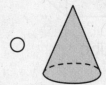

○

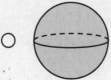

○

5. Usa el diagrama de puntos. ¿Cuántos libros miden 8 pulgadas de largo? (Lección 8.9)

- ○ 1
- ○ 2
- ○ 6
- ○ 8

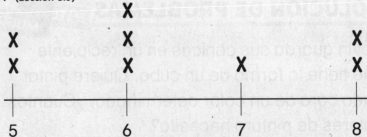

Longitud de los libros en pulgadas

Figuras bidimensionales

ESTÁNDARES COMUNES CC.2.G.1
Reason with shapes and their attributes.

Escribe el número de lados y el número de vértices. Luego escribe el nombre de la figura.

| pentágono | triángulo |
| hexágono | cuadrilátero |

1.

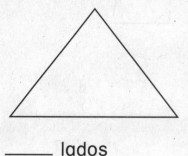

_____ lados

_____ vértices

_____

2.

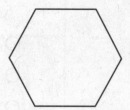

_____ lados

_____ vértices

_____

3.

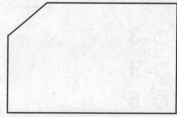

_____ lados

_____ vértices

_____

4.

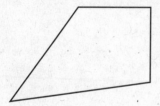

_____ lados

_____ vértices

_____

5.

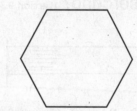

_____ lados

_____ vértices

_____

6.

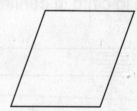

_____ lados

_____ vértices

_____

RESOLUCIÓN DE PROBLEMAS EN EL MUNDO

Resuelve. Escribe o dibuja la explicación.

7. Oscar hace el dibujo de una casa.
Dibuja una ventana con forma de pentágono.
¿Cuántos lados tiene esta ventana?

_____ lados

Revisión de la lección (CC.2.G.1)

1. ¿Cuántos lados tiene un hexágono?

- ○ 3
- ○ 4
- ○ 5
- ○ 6

2. ¿Cuántos vértices tiene un cuadrilátero?

- ○ 6
- ○ 5
- ○ 4
- ○ 3

Repaso en espiral (CC.2.MD.1, CC.2.MD.10)

3. Usa una regla en centímetros. ¿Cuál es la longitud de la cinta al centímetro más cercano? (Lección 9.3)

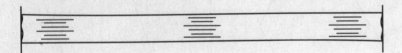

- ○ 10 centímetros
- ○ 14 centímetros
- ○ 16 centímetros
- ○ 18 centímetros

4. Observa la gráfica con dibujos. ¿Cuántos niños más eligieron manzanas en lugar de naranjas? (Lección 10.3)

- ○ 1
- ○ 2
- ○ 4
- ○ 11

Fruta favorita				
manzanas	☺	☺	☺	☺
naranjas	☺	☺		
uvas	☺	☺	☺	
duraznos	☺	☺		

Clave: Cada ☺ representa 1 niño.

Ángulos de figuras bidimensionales

ESTÁNDARES COMUNES CC.2.G.1
Reason with shapes and their attributes.

Encierra en un círculo los ángulos de cada figura. Escribe cuántos hay.

1.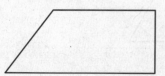

_____ ángulos

2.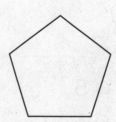

_____ ángulos

3.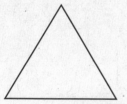

_____ ángulos

4.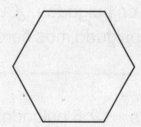

_____ ángulos

RESOLUCIÓN DE PROBLEMAS EN EL MUNDO

5. Logan dibujó 2 figuras bidimensionales que tenían 8 ángulos cada una. Dibuja las figuras que podría haber dibujado Logan.

Revisión de la lección (CC.2.G.1)

1. ¿Cuántos ángulos tiene esta figura?

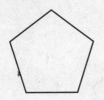

○ 3   ○ 5
○ 4   ○ 6

2. ¿Cuántos ángulos tiene esta figura?

○ 3   ○ 5
○ 4   ○ 6

Repaso en espiral (CC.2.MD.5, CC.2.MD.6, CC.2.MD.10, CC.2.G.1)

3. Usa una regla en pulgadas. ¿Cuál es la longitud de la cuerda a la pulgada más cercana? (Lección 8.4)

○ 13 pulgadas   ○ 5 pulgadas
○ 11 pulgadas   ○ 3 pulgadas

4. Observa la gráfica con dibujos. ¿Cuántos niños eligieron margaritas? (Lección 10.2)

○ 2
○ 3
○ 4
○ 5

Flor favorita					
rosas	☺	☺	☺	☺	
tulipanes	☺	☺	☺		
margaritas	☺	☺	☺	☺	☺
lilas	☺	☺			

Clave: Cada ☺ representa 1 niño.

Nombre _____

Clasificar figuras bidimensionales

ESTÁNDARES COMUNES CC.2.G.1
Reason with shapes and their attributes.

Encierra en un círculo las figuras que coincidan con la descripción.

1. Figuras con menos de 5 lados

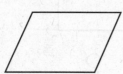

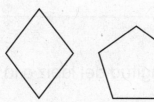

2. Figuras con más de 4 lados

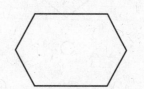

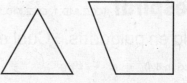

3. Figuras con 4 ángulos

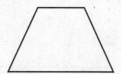

4. Figuras con menos de 6 ángulos

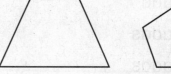

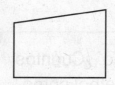

RESOLUCIÓN DE PROBLEMAS EN EL MUNDO

Encierra en un círculo la figura correcta.

5. Tammy dibujó una figura con más de 3 ángulos.
   No es un hexágono. ¿Qué figura dibujó Tammy?

Revisión de la lección (CC.2.G.1)

1. ¿Qué figura tiene menos de 4 lados?

○   ○   ○   ○

Repaso en espiral (CC.2.MD.1, CC.2.MD.10)

2. Usa una regla en pulgadas. ¿Cuál es la longitud del lápiz a la pulgada más cercana? (Lección 8.4)

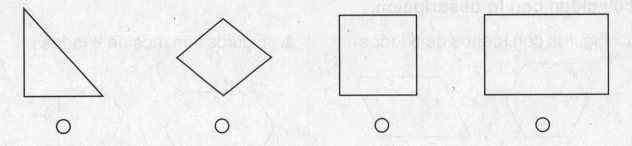

- ○ 1 pulgada
- ○ 2 pulgadas
- ○ 6 pulgadas
- ○ 8 pulgadas

3. Mira la tabla de conteo. ¿Cuántos niños eligieron básquetbol como su deporte favorito? (Lección 10.1)

- ○ 4
- ○ 5
- ○ 6
- ○ 7

Deporte favorito	
Deporte	**Conteo**
fútbol	ℍℍ
básquetbol	ℍℍ ‖
fútbol americano	‖‖‖
béisbol	‖‖‖

Nombre _____

División de rectángulos

Cubre el rectángulo con fichas cuadradas de colores. Traza el contorno de las fichas cuadradas.

1.

Número de hileras: _____

Número de columnas: _____

Total: _____ fichas cuadradas

2.

Número de hileras: _____

Número de columnas: _____

Total: _____ fichas cuadradas

RESOLUCIÓN DE PROBLEMAS EN EL MUNDO

Resuelve. Escribe o dibuja la explicación.

3. Nina quiere poner fichas cuadradas de colores en un cuadrado. Caben 3 fichas a lo largo de la parte superior del cuadrado. ¿Cuántas hileras y columnas de cuadrados necesitará Nina? ¿Cuántas fichas cuadradas de colores usará en total?

Número de hileras: _____

Número de columnas: _____

Total: _____ fichas cuadradas

_____ fichas

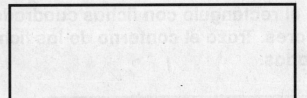

Revisión de la lección (CC.2.G.2)

1. Cubre el rectángulo con fichas cuadradas de colores. ¿Cuántas fichas usaste?

   ○ 1

   ○ 2

   ○ 3

   ○ 4

Repaso en espiral (CC.2.MD.10, CC.2.G.1)

2. ¿Cuántas caras tiene un cubo? (Lección 11.2)

   ○ 4   ○ 8

   ○ 6   ○ 10

3. ¿Cuántos ángulos tiene esta figura? (Lección 11.4)

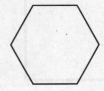

   ○ 6   ○ 8

   ○ 7   ○ 10

4. Mira la tabla de conteo. ¿Cuántos niños más eligieron arte en lugar de lectura? (Lección 10.1)

   ○ 10

   ○ 8

   ○ 3

   ○ 2

Materia favorita	
Materia	Conteo
lectura	卌 |||
matemáticas	卌 ||||
ciencias	卌
arte	卌 卌

Partes iguales

ESTÁNDARES COMUNES CC.2.G.3
Reason with shapes and their attributes.

Escribe cuántas partes iguales hay en el entero.
Escribe medios, tercios o cuartos para nombrar
las partes iguales.

1.

____ partes iguales

_____

2.

____ partes iguales

_____

3.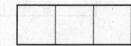

____ partes iguales

_____

4.

____ partes iguales

_____

5.

____ partes iguales

_____

6.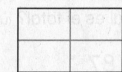

____ partes iguales

_____

RESOLUCIÓN DE PROBLEMAS

7. Clasifica las figuras.
   - Dibuja una X sobre las figuras
     que no muestran partes iguales.
   - Encierra en un círculo las
     figuras que muestran mitades.

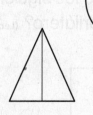

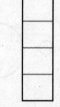

Revisión de la lección (CC.2.G.3)

1. ¿Cómo se llaman las 3 partes iguales de la figura?

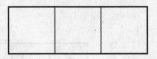

- ○ medios
- ○ cuartos
- ○ tercios
- ○ sextos

2. ¿Cómo se llaman las 4 partes iguales de la figura?

- ○ medios
- ○ cuartos
- ○ tercios
- ○ sextos

Repaso en espiral (CC.2.NBT.5, CC.2.G.1)

3. ¿Cuál es el total? (Lección 4.7)

$$\begin{array}{r} 87 \\ + 45 \\ \hline \end{array}$$

- ○ 132
- ○ 122
- ○ 112
- ○ 42

4. ¿Cuál es la diferencia? (Lección 5.2)

$$\begin{array}{r} 59 \\ - 15 \\ \hline \end{array}$$

- ○ 24
- ○ 34
- ○ 44
- ○ 74

5. ¿Cuál de las siguientes figuras es un cuadrilátero? (Lección 11.3)

○ 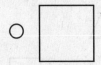 ○

○   ○

6. ¿Cuál de las siguientes figuras es un hexágono? (Lección 11.3)

○ 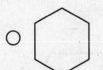 ○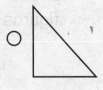

○   ○

Mostrar partes iguales de un entero

ESTÁNDARES COMUNES CC.2.G.3
Reason with shapes and their attributes.

Haz un dibujo que muestre partes iguales.

1. medios 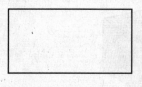	2. cuartos 	3. tercios 
4. tercios 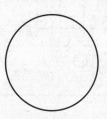	5. medios 	6. cuartos 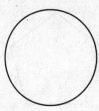
7. cuartos 	8. medios 	9. tercios 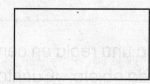

RESOLUCIÓN DE PROBLEMAS  EN EL MUNDO

Resuelve. Escribe o dibuja la explicación.

10. Joe tiene un sándwich. Corta el sándwich
en cuartos. ¿Cuántos pedazos de sándwich
tiene?

_____ pedazos

Revisión de la lección (CC.2.G.3)

1. ¿Qué figura está dividida en cuartos?

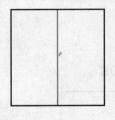 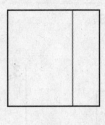 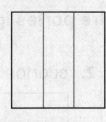 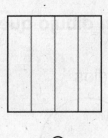

○   ○   ○   ○

Repaso en espiral (CC.2.MD.4, CC.2.G.1)

2. ¿Cuántos ángulos tiene esta figura? (Lección 11.4)

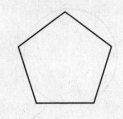

○ 5   ○ 7

○ 6   ○ 8

3. ¿Cuántas caras tiene este prisma rectangular? (Lección 11.2)

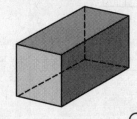

○ 4   ○ 8

○ 6   ○ 12

4. Usa una regla en centímetros. Mide la longitud de cada objeto. ¿Cuánto más larga es la cinta que la cuerda? (Lección 9.7)

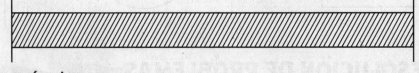

○   2 centímetros más larga

○   3 centímetros más larga

○   5 centímetros más larga

○   17 centímetros más larga

Nombre _____

Describir partes iguales

ESTÁNDARES COMUNES CC.2.G.3
Reason with shapes and their attributes.

**Haz un dibujo que muestre medios.
Colorea un medio de la figura.**

1.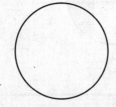

2.

**Haz un dibujo que muestre tercios.
Colorea un tercio de la figura.**

3.

4.

**Haz un dibujo que muestre cuartos.
Colorea un cuarto de la figura.**

5.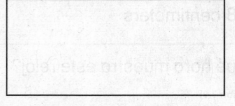

6.

RESOLUCIÓN DE PROBLEMAS

7. Encierra en un círculo todas las figuras
   que tengan un cuarto sombreado.

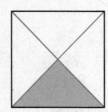 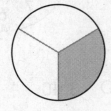  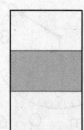 

Revisión de la lección (CC.2.G.3)

1. ¿Cuál de estas figuras tiene un medio de la figura sombreada?

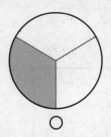 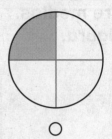 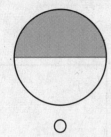 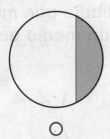

○   ○   ○   ○

Repaso en espiral (CC.2.MD.1, CC.2.MD.7, CC.2.G.1)

2. ¿Cuál es el nombre de esta figura? (Lección 11.2)

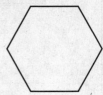

- ○ hexágono
- ○ pentágono
- ○ rectángulo
- ○ triángulo

3. Usa una regla en centímetros. ¿Cuál es la longitud de la cuerda al centímetro más cercano? (Lección 9.3)

- ○ 2 centímetros
- ○ 4 centímetros
- ○ 6 centímetros
- ○ 8 centimeters

4. El reloj muestra la hora a la que Chris terminó su tarea. ¿A qué hora terminó Chris su tarea? (Lección 7.11)

- ○ 2:10 a. m.
- ○ 2:30 a. m.
- ○ 6:10 p. m.
- ○ 2:30 p. m.

5. ¿Qué hora muestra este reloj? (Lección 7.9)

- ○ 3:40
- ○ 8:03
- ○ 8:15
- ○ 9:15

Resolución de problemas •
Partes iguales

ESTÁNDARES COMUNES CC.2.G.3
Reason with shapes and their attributes.

Haz un dibujo que muestre tu respuesta.

1. Max tiene pizzas cuadradas del mismo tamaño.
¿De qué dos maneras puede dividir las pizzas
en cuartos?

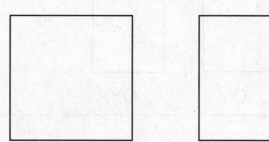

2. Dana tiene dos hojas de papel del mismo
tamaño. ¿De qué dos maneras puede
dividir las hojas en medios?

3. Frank tiene dos galletas pequeñas del
mismo tamaño. ¿De qué dos maneras
puede dividir las galletas en tercios?

Revisión de la lección (CC.2.G.3)

1. Bree corta un pedazo de cartón en tercios así.

¿Qué opción muestra otra manera de cortar el cartón en tercios?

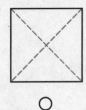   

○   ○   ○   ○

Repaso en espiral (CC.2.MD.7, CC.2.MD.8, CC.2.G.1)

2. ¿Qué figura tiene 3 partes iguales? (Lección 11.7)

○    ○

○ 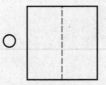   ○

3. ¿Cuántos ángulos tiene esta figura? (Lección 11.5)

○ 3
○ 4
○ 5
○ 6

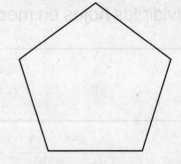

---

4. ¿Cuál es la mejor estimación del ancho de una puerta? (Lección 10.4)

○ 1 pie
○ 3 pies
○ 6 pies
○ 10 pies

5. ¿De qué otra manera se puede escribir 10 minutos después de las 9? (Lección 7.10)

○ 8:50
○ 9:10
○ 9:50
○ 10:10

ESTÁNDARES COMUNES CC.2.G.1, CC.2.G.2, CC.2.G.3

Práctica adicional del Capítulo 11

Lecciones 11.1 y 11.2 (págs. 509 a 516) ·

Encierra en un círculo los objetos que coincidan con el
nombre de la figura.

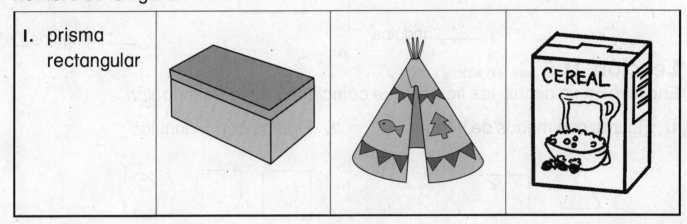

Encierra en un círculo el conjunto de figuras que sean
las caras de la figura tridimensional.

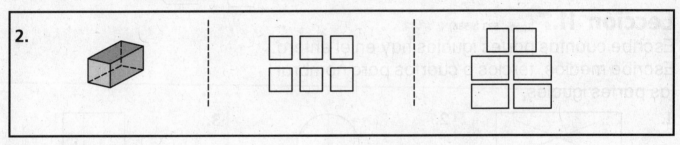

Lección 11.3 (págs. 517 a 520) ·

Escribe el número de lados y el número de vértices.

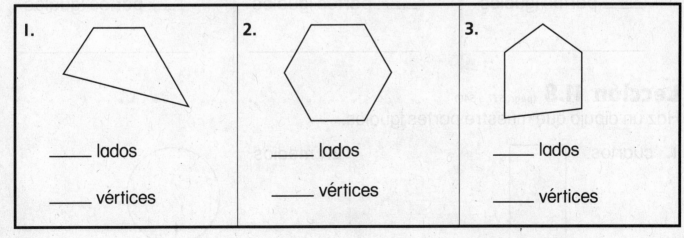

1.
_____ lados

_____ vértices

2.
_____ lados

_____ vértices

3.
_____ lados

_____ vértices

Lección 11.4 (págs. 521 a 524)

Encierra en un círculo los ángulos de cada figura. Escribe cuántos hay.

I.

_____ ángulos

2.

_____ ángulos

Lección 11.5 (págs. 525 a 528)

Encierra en un círculo las figuras que coincidan con la descripción.

I. Figuras con menos de 4 lados

2. Figuras con 5 ángulos

Lección 11.7 (págs. 533 a 536)

Escribe cuántas partes iguales hay en el entero.
Escribe medios, tercios o cuartos para nombrar
las partes iguales.

I.

_____ partes iguales

_____

2.

_____ partes iguales

_____

3.

_____ partes iguales

_____

Lección 11.8 (págs. 537 a 540)

Haz un dibujo que muestre partes iguales.

I. cuartos

2. medios

Nombre _____

Hallar totales en una tabla de suma

Pregunta esencial ¿Cómo hallas totales en una tabla de suma?

Representa y dibuja

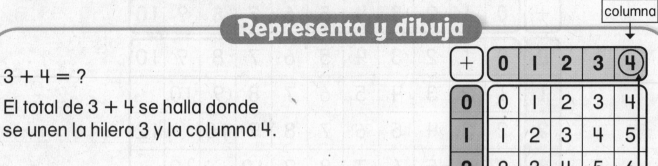

3 + 4 = ?

El total de 3 + 4 se halla donde se unen la hilera 3 y la columna 4.

3 + 4 = __7__

columna

+	0	1	2	3	④
0	0	1	2	3	4
1	1	2	3	4	5
2	2	3	4	5	6
③ hilera →	3	4	5	6	⑦
4	4	5	6	7	8

Comparte y muestra

1. Escribe los totales que faltan en la tabla de suma.

+	0	1	2	3	4	5	6	7	8	9	10
0	0	1	2	3	4	5	6			9	
1	1	2	3	4	5	6			9		11
2	2	3	4	5	6			9		11	12
3	3	4	5	6			9		11	12	13
4	4	5	6			9		11	12	13	14
5	5	6			9		11	12	13	14	15
6	6			9		11	12	13	14	15	16
7			9		11	12	13	14	15	16	17
8		9		11	12	13	14	15	16	17	18
9	9		11	12	13	14	15	16	17	18	19
10		11	12	13	14	15	16	17	18	19	20

Charla matemática Describe un patrón de la tabla de suma.

Preparación para el Grado 3

Por tu cuenta

2. Escribe los totales que faltan en la tabla de suma.

+	0	1	2	3	4	5	6	7	8	9	10
0	0	1	2	3	4	5	6	7	8	9	10
1	1	2	3	4	5	6	7	8	9	10	
2	2	3	4	5	6	7	8	9	10		12
3	3	4	5	6	7	8	9	10		12	
4	4	5	6	7	8	9	10		12		
5	5	6	7	8	9	10		12			15
6	6	7	8	9	10		12			15	16
7	7	8	9	10		12			15	16	17
8	8	9	10		12			15	16	17	18
9	9	10		12			15	16	17	18	19
10	10		12			15	16	17	18	19	20

RESOLUCIÓN DE PROBLEMAS EN EL MUNDO

Resuelve. Dibuja o escribe la explicación.

3. Natasha tiene 13 manzanas.
Unas manzanas son rojas y otras
son verdes. Tiene más manzanas
rojas que manzanas verdes.
¿Cuántas manzanas rojas y cuántas
manzanas verdes podría tener?

ACTIVIDAD PARA LA CASA · Pida a su niño que explique cómo usar la tabla
de suma para hallar el total de 8 + 6.

Nombre _____

Estimar totales: Suma de 2 dígitos

Pregunta esencial ¿Cómo se estima el total de dos números de 2 dígitos?

Representa y dibuja

Estima el total de 24 + 38.

Halla la decena más cercana de cada número.

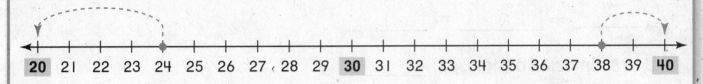

| **20** | 21 | 22 | 23 | 24 | 25 | 26 | 27 | 28 | 29 | **30** | 31 | 32 | 33 | 34 | 35 | 36 | 37 | 38 | 39 | **40** |

$$\underline{20} + \underline{40} = \underline{60}$$

Una estimación del total es _____60_____.

Comparte y muestra

Halla la decena más cercana de cada número.

1. Estima el total de 18 + 29.

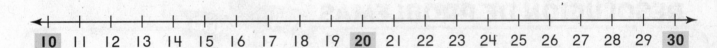

| **10** | 11 | 12 | 13 | 14 | 15 | 16 | 17 | 18 | 19 | **20** | 21 | 22 | 23 | 24 | 25 | 26 | 27 | 28 | 29 | **30** |

Suma las decenas para estimar.

$$\underline{} + \underline{} = \underline{}$$

Una estimación del total es _____.

Charla matemática   ¿Cómo supiste qué decena está más cerca de 18?

Preparación para el Grado 3

Por tu cuenta

Halla la decena más cercana de cada número.
Suma las decenas para estimar.

2. Estima el total de 13 + 28.

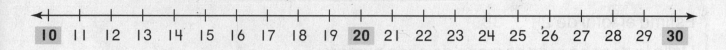

_____ + _____ = _____

Una estimación del total es _____.

---

3. Estima el total de 31 + 22.

_____ + _____ = _____

Una estimación del total es _____.

RESOLUCIÓN DE PROBLEMAS EN EL MUNDO

Resuelve. Dibuja o escribe la explicación.

4. Mark tiene 34 monedas de 1¢. Emma tiene
47 monedas de 1¢. Aproximadamente,
¿cuántas monedas de 1¢ tienen en total?

aproximadamente _____ monedas de 1¢

ACTIVIDAD PARA LA CASA • Pida a su niño que use la recta numérica del
Ejercicio 2 y describa cómo estimar el total de 27 + 21.

Nombre _____

Estimar totales: Suma de 3 dígitos

Pregunta esencial ¿Cómo se estima el total de dos números de 3 dígitos?

Representa y dibuja

Estima el total de 189 + 284.
Halla la centena más cercana de cada número.

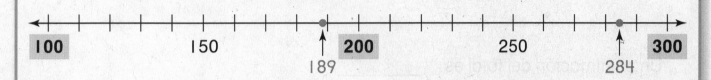

| 100 | 150 | ↑189 | 200 | 250 | ↑284 | 300 |

_200_ + _300_ = _500_

Una estimación del total es _500_.

Comparte y muestra

Halla la centena más cercana de cada número.
Suma las centenas para estimar.

1. Estima el total de 229 + 386.

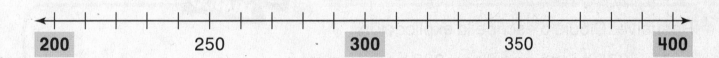

| 200 | 250 | 300 | 350 | 400 |

_____ + _____ = _____

Una estimación del total es _____.

Charla matemática ¿Cómo sabes entre qué dos centenas está un número de 3 dígitos?

Preparación para el Grado 3

Por tu cuenta

Halla la centena más cercana de cada número.
Suma las centenas para estimar.

2. Estima el total de 324 + 218.

| 200 | 250 | 300 | 350 | 400 |

_____ + _____ = _____

Una estimación del total es _____.

---

3. Estima el total de 468 + 439.

| 300 | 350 | 400 | 450 | 500 |

_____ + _____ = _____

Una estimación del total es _____.

RESOLUCIÓN DE PROBLEMAS EN EL MUNDO

Resuelve. Dibuja o escribe la explicación.

4. Hay 375 peces amarillos y 283 peces azules
que nadan alrededor de un arrecife de coral.
Aproximadamente, ¿cuántos peces hay en total?

aproximadamente _____ peces

ACTIVIDAD PARA LA CASA · Pida a su niño que use la recta numérica del
Ejercicio 2 y describa cómo estimar el total de 215 + 398.

P266 doscientos sesenta y seis

Nombre _____

Estimar diferencias: Resta de 2 dígitos

Pregunta esencial ¿Cómo se estima la diferencia de dos números de 2 dígitos?

Representa y dibuja

Estima la diferencia de 62 − 48.
Halla la decena más cercana de cada número.

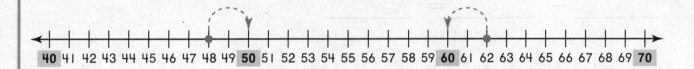

40 41 42 43 44 45 46 47 48 49 **50** 51 52 53 54 55 56 57 58 59 **60** 61 62 63 64 65 66 67 68 69 **70**

__60__ − __50__ = __10__

Una estimación de la diferencia es ___10___.

Comparte y muestra

Halla la decena más cercana de cada número.
Resta las decenas para estimar.

1. Estimate the difference of 42 − 29.

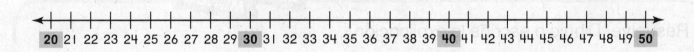

20 21 22 23 24 25 26 27 28 29 **30** 31 32 33 34 35 36 37 38 39 **40** 41 42 43 44 45 46 47 48 49 **50**

_____ − _____ = _____

Una estimación de la diferencia es _____.

Charla matemática ¿Cómo sabes entre qué dos decenas está un número?

Preparación para el Grado 3

Por tu cuenta

Halla la decena más cercana de cada número.
Resta las decenas para estimar.

2. Estima la diferencia de 51 − 39.

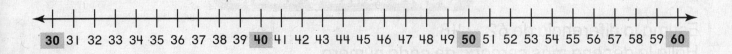

30 31 32 33 34 35 36 37 38 39 **40** 41 42 43 44 45 46 47 48 49 **50** 51 52 53 54 55 56 57 58 59 **60**

_____ − _____ = _____

Una estimación de la diferencia es _____.

---

3. Estima la diferencia de 79 − 56.

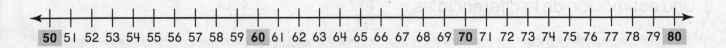

50 51 52 53 54 55 56 57 58 59 **60** 61 62 63 64 65 66 67 68 69 **70** 71 72 73 74 75 76 77 78 79 **80**

_____ − _____ = _____

Una estimación de la diferencia es _____.

RESOLUCIÓN DE PROBLEMAS EN EL MUNDO

Resuelve. Dibuja o escribe la explicación.

4. Un granjero tiene 91 vacas. 58 vacas
están en el establo. Aproximadamente,
¿cuántas vacas no están en el establo?

aproximadamente _____ vacas

ACTIVIDAD PARA LA CASA • Pida a su niño que use la recta numérica del
Ejercicio 2 y describa cómo estimar la diferencia de 57 − 41.

P268 doscientos sesenta y ocho

Nombre _____

Estimar diferencias: Resta de 3 dígitos

Pregunta esencial ¿Cómo se estima la diferencia de dos números de 3 dígitos?

Representa y dibuja

Estima la diferencia de 382 − 265.
Halla la centena más cercana de cada número.

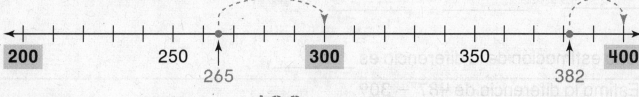

|200| |250| | |300| | |350| | |400|

265 ↑   382 ↑

$$\underline{400} - \underline{300} = \underline{100}$$

Una estimación de la diferencia es __100__.

Comparte y muestra

Halla la centena más cercana de cada número.
Resta las centenas para estimar.

I. Estima la diferencia de 674 − 590.

|500| |550| | |600| | |650| | |700|

_____ − _____ = _____

Una estimación de la diferencia es _____.

Charla matemática ¿Cómo supiste qué centena está más cerca de 674?

Por tu cuenta

Halla la centena más cercana de cada número.
Resta las centenas para estimar.

2. Estima la diferencia de 791 − 612.

| 600 | | 650 | | 700 | | 750 | | 800 |

_____ − _____ = _____

Una estimación de la diferencia es _____.

_____

3. Estima la diferencia de 487 − 309.

| 300 | | 350 | | 400 | | 450 | | 500 |

_____ − _____ = _____

Una estimación de la diferencia es _____.

RESOLUCIÓN DE PROBLEMAS EN EL MUNDO

Resuelve. Dibuja o escribe la explicación.

4. Un cartero tenía 819 cartas para entregar.
   Luego entregó 687 cartas. Aproximadamente,
   ¿cuántas cartas le quedan por entregar?

aproximadamente _____ cartas

ACTIVIDAD PARA LA CASA · Pida a su niño que use la recta numérica del Ejercicio 2 y describa cómo estimar la diferencia de 786 − 611.

P270 doscientos setenta

Ordenar números de 3 dígitos

Pregunta esencial: ¿Por qué el valor posicional sirve para ordenar números de 3 dígitos?

Representa y dibuja

Puedes ordenar 249, 418 y 205 de menor a mayor. Primero compara las **centenas.** Luego compara las decenas y las unidades si es necesario.

Centenas	Decenas	Unidades
2	4	9
4	1	8
2	0	5

Comparé las centenas. 249 y 205 son menores que 418.

¿Cuál es menor: 249 o 205? Comparé las decenas. 205 es menor que 249, por lo tanto, 205 es el menor.

$$\underset{\text{menor}}{205} < 249 < \underset{\text{mayor}}{418}$$

Comparte y muestra

Escribe los números en orden de menor a mayor.

1.
```
672
515
532
```

____ < ____ < ____

2.
```
787
683
564
```

____ < ____ < ____

Charla matemática   ¿Necesitas siempre comparar los dígitos de las unidades cuando ordenas números? Explica.

Por tu cuenta

Escribe los números en orden de menor a mayor.

3.

3 5 9
7 1 5
6 0 8

_____ < _____ < _____

4.

9 5 9
9 1 5
9 0 8

_____ < _____ < _____

5.

3 4 3
3 4 1
3 4 8

_____ < _____ < _____

6.

1 6 5
7 4 6
7 6 4

_____ < _____ < _____

RESOLUCIÓN DE PROBLEMAS   EN EL MUNDO

7. Brenda, Jean y Pam juegan un videojuego. Brenda obtiene el mayor puntaje. Jean obtiene el menor puntaje.

Brenda	8 6 3
Jean	7 6 7
Pam	?

En la línea, escribe un número de 3 dígitos que podría ser el puntaje de Pam.

767 < _____ < 863

ACTIVIDAD PARA LA CASA · Escriba tres números de 3 dígitos.
Pida a su niño que le explique cómo se ordenan los números de menor a mayor.

Nombre _____

✓ Revisión

Conceptos y destrezas

1. Escribe los totales que faltan en la tabla de suma.

+	0	1	2	3	4	5	6	7	8	9	10
0	0	1	2	3	4	5		7		9	
1	1	2	3	4	5		7		9		11
2	2	3	4	5		7		9		11	12
3	3	4	5		7		9		11	12	13
4	4	5		7		9		11	12	13	14
5	5		7		9		11	12	13	14	15

Halla la decena más cercana.

2. Estima el total de 24 y 36.

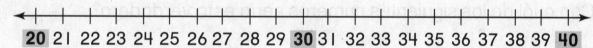

20 21 22 23 24 25 26 27 28 29 **30** 31 32 33 34 35 36 37 38 39 **40**

_____ + _____ = _____

Una estimación del total es _____.

Halla la centena más cercana.

3. Estima el total de 285 y 122.

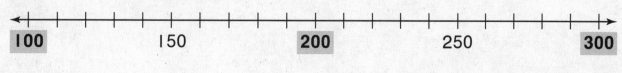

100   150   **200**   250   **300**

_____ + _____ = _____

Una estimación del total es _____.

Preparación para el Grado 3

doscientos setenta y tres **P273**

Halla la decena más cercana.

4. Estimate the difference of 72 − 59.

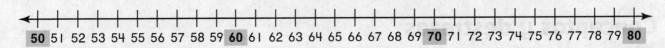

50 51 52 53 54 55 56 57 58 59 60 61 62 63 64 65 66 67 68 69 70 71 72 73 74 75 76 77 78 79 80

_____ − _____ = _____

Una estimación de la diferencia es _____.

Halla la centena más cercana.

5. Estima la diferencia de 792 y 619.

600   650   700   750   800

_____ − _____ = _____

Una estimación de la diferencia es _____.

---

6. ¿Con cuál de los siguientes números sería esto verdadero?

350 < 413 < _____.

○ 403

○ 398

○ 430

○ 331

Grupos iguales de 2

Pregunta esencial: ¿Cómo se halla el número total en grupos iguales de 2?

Representa y dibuja

La tienda de mascotas tiene 3 peceras en la vidriera. Hay 2 peces de colores en cada pecera. ¿Cuántos peces de colores hay en total? Forma 3 grupos de 2 fichas.

> Puedo contar los grupos iguales de dos en dos (2, 4, 6) para hallar cuántos hay en total.

__3__ grupos de __2__ es __6__ en total.

Comparte y muestra Math Board

Completa los enunciados para mostrar cuántas hay en total.

1.

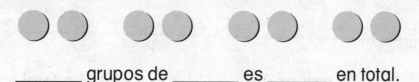

_____ grupos de _____ es _____ en total.

2.

_____ grupos de _____ es _____ en total.

3.

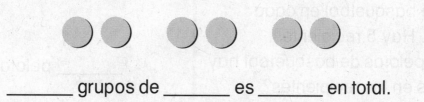

_____ grupos de _____ es _____ en total.

Charla matemática ¿Cómo puedes usar fichas para hallar 2 + 2 + 2 + 2 + 2?

Por tu cuenta

Completa el enunciado para mostrar cuántas hay en total.

4.

⬤ ⬤ ⬤ ⬤ ⬤ ⬤ ⬤ ⬤
⬤ ⬤ ⬤ ⬤ ⬤ ⬤ ⬤ ⬤

_____ grupos de _____ es _____ en total.

5.

⬤ ⬤ ⬤ ⬤
⬤ ⬤ ⬤ ⬤

_____ grupos de _____ es _____ en total.

6.

⬤ ⬤ ⬤ ⬤ ⬤ ⬤
⬤ ⬤ ⬤ ⬤ ⬤ ⬤

_____ grupos de _____ es _____ en total.

7.

⬤ ⬤ ⬤ ⬤ ⬤ ⬤
⬤ ⬤ ⬤ ⬤ ⬤ ⬤

_____ grupos de _____ es _____ en total.

RESOLUCIÓN DE PROBLEMAS EN EL MUNDO

Resuelve. Dibuja o escribe la explicación.

8. El entrenador Baker guarda 2 pelotas de básquetbol en cada recipiente. Hay 5 recipientes. ¿Cuántas pelotas de básquetbol hay guardadas en los recipientes?

_____ pelotas de básquetbol

ACTIVIDAD PARA LA CASA · Pida a su niño que dibuje grupos de dos X y le diga cómo hallar cuántas hay en total.

Nombre _____

Grupos iguales de 5

Pregunta esencial: ¿Cómo puedes hallar el número total en grupos iguales de 5?

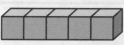

Representa y dibuja

Luke hizo 3 trenes de cubos.
Conectó 5 cubos en cada tren.
¿Cuántos cubos usó en total?

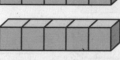

Forma 3 grupos de 5 cubos.

__3__ grupos de __5__ es __15__ en total.

Puedo contar los grupos iguales de cinco en cinco (5, 10, 15) para hallar cuántos hay en total.

Comparte y muestra Math Board

Completa el enunciado para mostrar cuántos hay en total.

1.

_____ grupos de _____ es _____ en total.

2.

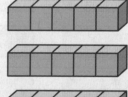

_____ grupos de _____ es _____ en total.

3.

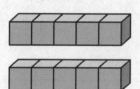

_____ grupos de _____ es _____ en total.

Charla matemática ¿Cómo puedes usar la suma para hallar cuántos hay en total en el Ejercicio 2?

Por tu cuenta

Completa los enunciados para mostrar cuántos hay en total.

4.

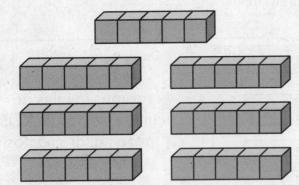

_____ grupos de _____ es _____ en total.

5.

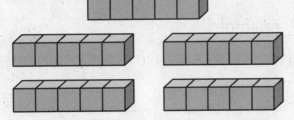

_____ grupos de _____ es _____ en total.

6.

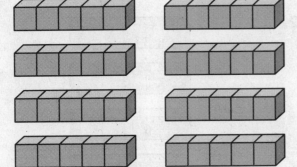

_____ grupos de _____ es _____ en total.

RESOLUCIÓN DE PROBLEMAS EN EL MUNDO

Resuelve. Dibuja o escribe la explicación.

7. Gina completa 6 páginas de su
álbum fotográfico. Coloca 5 fotos en
cada página. ¿Cuántas fotos coloca
Gina en su álbum?

_____ fotos

ACTIVIDAD PARA LA CASA · Coloque sus manos junto a las manos de su
niño. Pregúntele cuántos grupos de 5 dedos hay. Pida a su niño que diga cómo
hallar cuántos hay en total. ¿Cuántos dedos hay en total?

P278 doscientos setenta y ocho

Nombre _____

Grupos iguales de 10

Pregunta esencial: ¿Cómo puedes hallar el número total en grupos iguales de 10?

Representa y dibuja

Hay 4 paquetes de jugo. Cada paquete tiene 10 cajas. ¿Cuántas cajas de jugo hay en total?

Forma 4 grupos de 10 cubos.

> Puedo contar los grupos iguales de decena en decena (10, 20, 30) para hallar cuántos hay en total.

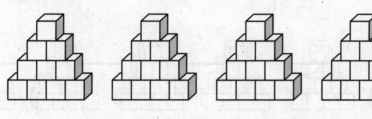

__4__ grupos de __10__ es __40__ en total.

Comparte y muestra

Completa el enunciado para mostrar cuántos hay en total.

1.
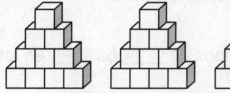

____ grupos de ____ es ____ en total.

2.
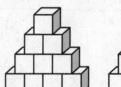

____ grupos de ____ es ____ en total.

3.
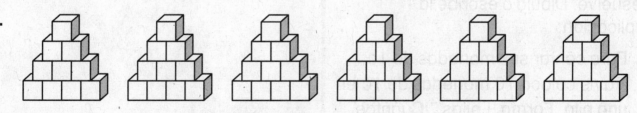

____ grupos de ____ es ____ en total.

 Charla matemática   ¿Cuántos grupos de diez hay en 70? Explica.

Preparación para el Grado 3

© Houghton Mifflin Harcourt Publishing Company

Por tu cuenta

Completa el enunciado para mostrar cuántos hay en total.

4.

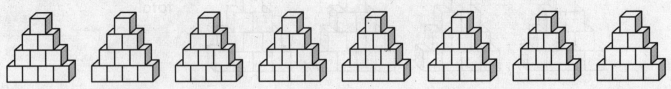

_____ grupos de _____ es _____ en total.

5.

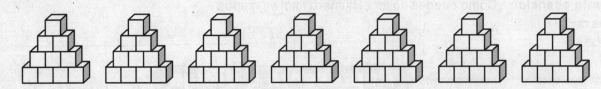

_____ grupos de _____ es _____ en total.

6.

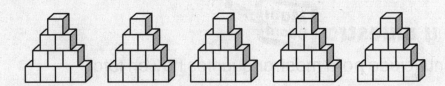

_____ grupos de _____ es _____ en total.

RESOLUCIÓN DE PROBLEMAS EN EL MUNDO

Resuelve. Dibuja o escribe la explicación.

7. Para contar sus monedas de 1¢, Travis coloca 10 monedas de 1¢ en una pila. Forma 4 pilas. ¿Cuántas monedas de 1¢ tiene Travis?

_____ monedas

ACTIVIDAD PARA LA CASA · Dé a su niño 30 fideos u otros objetos pequeños. Pida a su niño que forme grupos de 10. Pregúntele cuántos grupos hay. Pida a su niño que le diga cómo hallar cuántos hay en total. ¿Cuántos fideos hay en total?

Tamaño de las partes

Pregunta esencial ¿Cómo se ponen los objetos en grupos iguales?

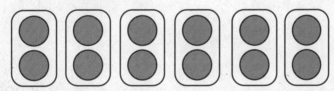

Cuando divides, colocas objetos en grupos iguales.

Joel tiene 12 zanahorias. Hay 6 conejos.
Cada conejo recibe el mismo número de zanahorias.
¿Cuántas zanahorias recibe cada conejo?

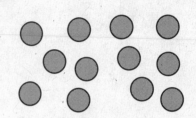

Coloca 12 fichas en 6 grupos iguales.

__2__ fichas en cada grupo

Por lo tanto, cada conejo

recibe __2__ zanahorias.

Comparte y muestra

Usa fichas. Haz un dibujo que muestre tu trabajo.
Escribe cuántas hay en cada grupo.

1. Coloca 10 fichas en 2 grupos iguales.

_____ fichas en cada grupo

2. Coloca 6 fichas en 3 grupos iguales.

_____ fichas en cada grupo

Charla matemática   ¿Cómo supiste cuántas fichas colocar
en cada grupo en el Ejercicio 2?

Preparación para el Grado 3

Por tu cuenta

Usa fichas. Haz un dibujo que muestre tu trabajo.
Escribe cuántas hay en cada grupo.

3. Coloca 9 fichas en 3 grupos iguales.

_____ fichas en cada grupo

---

4. Coloca 12 fichas en 2 grupos iguales.

_____ fichas en cada grupo

---

5. Coloca 16 fichas en 4 grupos iguales.

_____ fichas en cada grupo

RESOLUCIÓN DE PROBLEMAS EN EL MUNDO

Resuelve. Haz un dibujo que muestre tu trabajo.

6. La Sra. Peters divide 6 rodajas de naranja
en 2 platos. Quiere tener 4 rodajas de
naranja en cada plato. ¿Cuántas rodajas más necesita?

_____ rodajas más

ACTIVIDAD PARA LA CASA · Pida a su niño que coloque 15 monedas de 1¢
en 3 grupos iguales y luego diga cuántas monedas de 1¢ hay en cada grupo.

P282 doscientos ochenta y dos

Nombre _____

Número de partes iguales

Pregunta esencial ¿Cómo puedes hallar el número de grupos iguales en que pueden colocarse los elementos?

Representa y dibuja

Hay 12 galletas. 3 galletas completan una bolsa de bocaditos. ¿Cuántas bolsas de bocaditos pueden llenarse?

Coloca 12 fichas en grupos de 3.

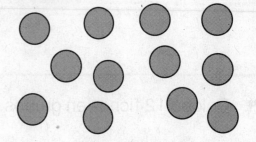

_4_ grupos

Por lo tanto, _4_ bolsas de bocaditos pueden llenarse.

Comparte y muestra

Usa fichas. Haz un dibujo que muestre tu trabajo. Escribe cuántos grupos hay.

1. Coloca 8 fichas en grupos de 4.

_____ grupos

2. Coloca 10 fichas en grupos de 2.

_____ grupos

Charla matemática Describe cómo pudiste hallar el número de grupos de 2 que pudiste formar con 12 fichas.

Preparación para el Grado 3

doscientos ochenta y tres **P283**

Por tu cuenta

Usa fichas. Haz un dibujo que muestre tu trabajo.
Escribe cuántos grupos hay.

3. Coloca 4 fichas en grupos de 2.

_____ grupos

4. Coloca 12 fichas en grupos de 4.

_____ grupos

5. Coloca 15 fichas en grupos de 3.

_____ grupos

RESOLUCIÓN DE PROBLEMAS EN EL MUNDO

Haz un dibujo que muestre tu trabajo.

6. Unos niños quieren jugar un juego de mesa.
Hay 16 piezas de juego. Cada jugador debe tener 4 piezas.
¿Cuántos niños pueden jugar?

_____ niños

ACTIVIDAD PARA LA CASA · Use objetos pequeños como monedas de 1¢ o cereales. Pida a su niño que averigüe cuántos grupos de 5 hay en 20.

Nombre _____

Resolver problemas con partes iguales

Pregunta esencial: ¿Cómo se resuelven los problemas con partes iguales?

Puedes hacer un dibujo para resolver problemas con partes iguales.

Hay 10 canicas en cada bolsa. ¿Cuántas canicas hay en 3 bolsas?

___3___ grupos de __10__ es __30__ en total.

Hay __30__ canicas.

Comparte y muestra

Resuelve. Escribe o haz un dibujo que muestre lo que hiciste.

1. Hay 5 naranjas en cada saco.
¿Cuántas naranjas hay en 4 sacos?

_____ naranjas

2. Sandy puede plantar 2 semillas en una maceta. ¿Cuántas macetas necesitará Sandy para plantar 6 semillas?

_____ macetas

 Charla matemática   Explica cómo resolviste el Ejercicio 2.

Por tu cuenta

Resuelve. Haz un dibujo que muestre lo que hiciste.

3. Ben da a cada amigo 2 galletas. ¿Cuántas galletas necesita para 6 amigos?

_____ galletas

---

4. La Sra. Green puede guardar 5 libros en una caja. ¿Cuántas cajas necesitará para guardar 15 libros?

_____ cajas

RESOLUCIÓN DE PROBLEMAS EN EL MUNDO

5. Franco usó 12 cubos interconectables para construir torres. Todas las torres tienen la misma altura. Haz un dibujo que muestre las torres que pudo haber construido.

ACTIVIDAD PARA LA CASA · Pida a su niño que cree un problema sobre 3 cajas de juguetes con 3 juguetes en cada caja. Pida a su niño que le explique cómo resolver el problema.

Nombre _____

✓ Revisión

Conceptos y destrezas

Completa los enunciados para mostrar cuántas hay en total.

1. ⬤⬤ ⬤⬤ ⬤⬤ ⬤⬤ ⬤⬤ ⬤⬤ ⬤⬤

_____ grupos de _____ es _____ en total.

2.

_____ grupos de _____ es _____ en total.

3.

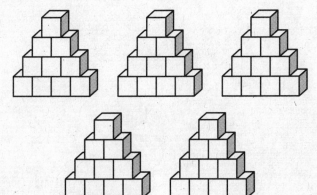

_____ grupos de _____ es _____ en total.

Usa fichas. Haz un dibujo que muestre tu trabajo.
Escribe cuántas hay en cada grupo.

4. Coloca 14 fichas en 2 grupos iguales.

_____ fichas en cada grupo

Usa fichas. Haz un dibujo que muestre tu trabajo.
Escribe cuántos grupos hay.

5. Coloca 12 fichas en grupos de 2.

_____ grupos

Resuelve el problema.

6. La Sra. Owen coloca 3 flores en cada florero.
   ¿Cuántas flores hay en 4 floreros?

   ○ 7

   ○ 9

   ○ 12

   ○ 16

Nombre _____

La hora antes y la hora después

Pregunta esencial: ¿Cómo dices la hora I hora después y I hora antes de una hora determinada?

Representa y dibuja

En estas horas, el minutero apunta al mismo lugar. El horario apunta a números distintos.

Son las __8:00__.

El horario señala 8.

I hora antes

__7:00__

El horario señala 7.

I hora después

__9:00__

El horario señala 9.

Comparte y muestra

Escribe la hora que muestra el reloj. Luego escribe la hora I hora antes y I hora después.

I.

_____ I hora antes

_____ I hora después

2.

_____ I hora antes

_____ I hora después

Charla matemática   ¿En qué se parecen las manecillas de un reloj que muestra las 8 en punto a las manecillas de un reloj I hora después? ¿En qué se diferencian?

Preparación para el Grado 3

doscientos ochenta y nueve **P289**

Por tu cuenta

Escribe la hora que se muestra. Luego escribe la hora
1 hora antes y 1 hora después.

3.

_____ 1 hora antes

_____ 1 hora después

4.

_____ 1 hora antes

_____ 1 hora después

5.

_____ 1 hora antes

_____ 1 hora después

6.

_____ 1 hora antes

_____ 1 hora después

RESOLUCIÓN DE PROBLEMAS EN EL MUNDO

7. Tim alimenta al gato 1 hora antes de las
7:00. Dibuja el horario y el minutero para
mostrar 1 hora después de las 7:00.
Luego escribe la hora.

Tim debe alimentar al gato a las _____.

ACTIVIDAD PARA LA CASA · Pregunte a su niño qué hora será 1 hora
después de las 3:30. ¿Qué hora era 1 hora antes de las 3:30? Pida a su niño
que le diga cómo lo sabe.

Nombre _____

Tiempo transcurrido en horas

Pregunta esencial ¿Cómo hallas el número de horas entre dos horas?

Representa y dibuja

La práctica de béisbol comienza a las 2:00.
Todos salen de la práctica a las 4:00.
¿Cuánto dura la práctica de béisbol?
Usa la línea cronológica para contar
cuántas horas pasaron desde las 2:00 p.m.
hasta las 4:00 p.m.

_____ horas

Comienza a las 2:00   Termina a las 4:00

9:00 a.m.   11:00 a.m.   1:00 p.m.   3:00 p.m.   5:00 p.m.

10:00 a.m.   mediodía   2:00 p.m.   4:00 p.m.   6:00 p.m.

Comparte y muestra

Usa la línea cronológica de arriba. Resuelve.

1. El juego comienzan a las 3:00 p.m.
   Termina a las 6:00 p.m. ¿Cuánto
   dura el juego?

   _____ horas

2. El avión sale a las 10:00 a.m. Llega
   a las 2:00 p.m. ¿Cuánto dura el
   vuelo?

   _____ horas

3. Max sale a las 2:00 p.m. Regresa
   a las 5:00 p.m. ¿Cuánto tiempo
   estuvo Max afuera?

   _____ horas

4. La clase de arte comienza a las
   9:00 a.m. Termina a las 11:00 a.m.
   ¿Cuánto dura la clase de arte?

   _____ horas

Charla matemática Describe cómo usaste la línea
cronológica del Ejercicio 2.

Preparación para el Grado 3

doscientos noventa y uno **P291**

Por tu cuenta

Usa la línea cronológica de abajo. Resuelve.

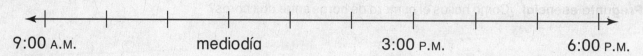

9:00 A.M.   mediodía   3:00 P.M.   6:00 P.M.

5. La hermanita de Paul se duerme a las 4:00 p.m. Se levanta a las 6:00 p.m. ¿Cuánto tiempo durmió la bebé?

_____ horas

6. Julia va a la casa de una amiga a mediodía. Regresa a casa a las 3:00 p.m. ¿Cuánto tiempo estuvo Julia ausente?

_____ horas

7. Jeff comienza a rastrillar hojas a las 11:00 a.m. Se detiene a la 1:00 p.m. ¿Cuánto tiempo rastrilla hojas Jeff?

_____ horas

8. Mamá y Carrie llegan al centro comercial a la 1:00 p.m. Se van a las 5:00 p.m. ¿Cuánto tiempo están en el centro comercial?

_____ horas

RESOLUCIÓN DE PROBLEMAS EN EL MUNDO

Resuelve. Dibuja o escribe la explicación.

9. El Sr. Norton escribe la hora de clases en el pizarrón.

Clase	Tiempo
Matemáticas	8:30 a.m.
Lectura	9:30 a.m.
Música	11:30 a.m.

¿Cuánto tiempo durará la clase de lectura?

_____ horas

ACTIVIDAD PARA LA CASA · Pregunte a su niño cuánto tiempo pasa entre las 4:30 y las 7:30. Pida a su niño que explique cómo llegó a la respuesta.

Nombre _____

Tiempo transcurrido en minutos

Pregunta esencial ¿Cómo hallas el número de minutos entre dos horas?

Representa y dibuja

Puedes usar la resta si las horas están dentro de la misma hora.

Ken comienza a limpiar su habitación a las 3:15 p.m. Termina a las 3:35 p.m. ¿Cuánto tiempo le toma a Ken limpiar su habitación?

$$\begin{array}{r} 35 \\ -15 \\ \hline 20 \end{array}$$

Comienza a las 3:15 p.m.   **Termina a las 3:35 p.m.**

Por lo tanto, le toma a Ken ___20___ minutos.

Comparte y muestra

Resta para resolver. Muestra tu trabajo.

1. Leah comienza a almorzar a las 12:10 p.m. Termina a las 12:25 p.m. ¿Cuánto tiempo toma Leah para almorzar?

   ____

   ____ minutos

2. Kwan se sube al autobús a las 8:10 a.m. Llega a la escuela a las 8:55 a.m. ¿Cuánto dura el viaje en autobús de Kwan?

   ____ minutos

3. Carla lleva a su perro al parque a las 2:05 p.m. Regresa a las 2:40 p.m. ¿Cuánto tiempo pasea Carla a su perro?

   ____

   ____ minutos

4. Ethan comienza su tarea de ortografía a las 6:25 p.m. Termina a las 6:45 p.m. ¿Cuánto tiempo trabaja Ethan en su ortografía?

   ____ minutos

Charla matemática   ¿Cómo puedes verificar tus respuestas con un reloj?

Por tu cuenta

Resta para resolver. Muestra tu trabajo.

5. La Sra. Hall coloca una pizza en el horno a las 6:10 p.m. La retira a las 6:30 p.m. ¿En cuánto tiempo se cocina la pizza?

_____

_____ minutos

6. La prueba de lectura comienza a la 1:10 p.m. Todos deben detenerse a la 1:25 p.m. ¿Cuánto tiempo tienen los niños para tomar la prueba?

_____ minutos

7. Kelly comienza a dibujar a las 8:15 p.m. Termina su dibujo a las 8:40 p.m. ¿Cuánto tiempo dibuja Kelly?

_____

_____ minutos

8. Tony comienza a leer a las 4:30 p.m. Deja de leer a las 4:45 p.m. ¿Cuánto tiempo lee Tony?

_____

_____ minutos

RESOLUCIÓN DE PROBLEMAS EN EL MUNDO

Muestra cómo usar la resta para resolver.

9. El Sr. West llega a la parada a las 9:05 a.m. Observa el horario del autobús.

Horas de llegada del autobús
8:30 a.m.
9:30 a.m.
10:30 a.m.

¿Cuánto tiempo deberá el Sr. West esperar el autobús?

_____ minutos

ACTIVIDAD PARA LA CASA · Pida a su niño que lleve un registro de cuántos minutos le llevaría hacer su tarea de matemáticas si comienza a las 5:15 p.m. y se detiene a las 5:45 p.m.

Capacidad • Unidades no convencionales

Pregunta esencial ¿Cómo puedes medir cuánto contiene un recipiente?

Representa y dibuja

Usa un cucharón y arroz para estimar y medir
cuánto contiene una lata.

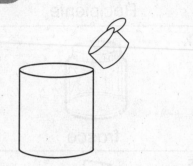

- Estima cuántos cucharones contiene la lata.

- Llena un cucharón con azúcar o agua.

- Viértelo en la lata.

- Repite hasta que la lata esté llena. Lleva un
registro del número de cucharones.

Comparte y muestra

¿Cuántos cucharones contiene el recipiente?
Estima. Luego mide.

	Recipiente	Estimación	Medida
1.	jarro	unos _____ cucharones	unos _____ cucharones
2.	florero	unos _____ cucharones	unos _____ cucharones
3.	vaso de papel	unos _____ cucharones	unos _____ cucharones

Charla matemática   Explica cómo puedes saber qué
recipiente de esta página es más grande.

Por tu cuenta

¿Cuántos cucharones contiene el recipiente?
Estima. Luego mide.

Recipiente	Estimación	Medida
4. frasco	unos ____ cucharones	unos ____ cucharones
5. envase de leche	unos ____ cucharones	unos ____ cucharones
6. tazón	unos ____ cucharones	unos ____ cucharones

RESOLUCIÓN DE PROBLEMAS EN EL MUNDO

Resuelve.

7. El tazón rojo contiene 5 cucharones de arroz. El tazón azul contiene el doble de arroz que el tazón rojo. ¿Cuántos cucharones de arroz contienen los dos tazones en total?

____ cucharones en total

ACTIVIDAD PARA LA CASA · Pida a su niño que use un vaso de papel para estimar cuánto contienen diversos recipientes. Luego mida lo que contiene el recipiente para comprobar su estimación.

Nombre _____

Describir los datos de medidas

Pregunta esencial ¿Qué datos de medición puede mostrar un diagrama de puntos?

Representa y dibuja

Un diagrama de puntos muestra datos en una recta numérica.

Cada X de este diagrama de puntos representa la
longitud de 1 pupitre.

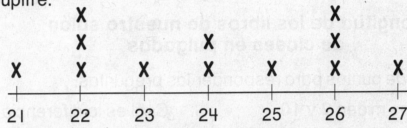

Longitud de nuestros pupitres en pulgadas

Se midieron __12__ pupitres.

Dos pupitres miden __24__ pulgadas
de largo.

El pupitre más largo mide __27__
pulgadas de largo.

El pupitre más corto mide __21__
pulgadas de largo.

Comparte y muestra

Escribe 3 oraciones más para describir lo
que muestra el diagrama de puntos de arriba.

1. _____

   _____

2. _____

   _____

3. _____

   _____

Charla matemática Imagina que mediste otro pupitre. Si el pupitre
medía 23 pulgadas de largo, ¿cómo pudiste mostrar esto en el diagrama
de puntos de arriba?

Preparación para el Grado 3

doscientos noventa y siete **P297**

Por tu cuenta

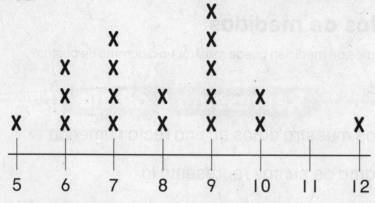

```
                                X
                        X       X
                    X   X       X
                    X   X   X   X   X
                X   X   X   X   X       X
        ────┼───┼───┼───┼───┼───┼───┼───┼────
            5   6   7   8   9   10  11  12
```

**Longitud de los libros de nuestro salón
de clases en pulgadas**

Usa el diagrama de puntos para responder las preguntas.

4. ¿Cuántos libros miden 9 y 10 pulgadas de longitud?

_____ libros

5. ¿Cuál es la diferencia en longitud entre el libro más corto y el más largo?

_____ pulgadas

Escribe otra pregunta que puedas responder observando el diagrama de puntos. Responde tu pregunta.

6. Pregunta _____

_____

Respuesta _____

RESOLUCIÓN DE PROBLEMAS

7. Observa la tabla de la derecha. Muestra los libros de Tom y su longitud. Agrega los datos de los libros en el diagrama de puntos del comienzo de la página.

Libro	Longitud
Lectura	11 pulgadas
Matemáticas	12 pulgadas
Ortografía	9 pulgadas

ACTIVIDAD PARA LA CASA · Pida a su niño que explique cómo leer el diagrama de puntos de esta página.

✔ Revisión

Conceptos y destrezas

Escribe la hora que muestra el reloj. Luego escribe la hora
1 hora antes y 1 hora después.

1.

1 hora antes _____

1 hora después _____

2.

1 hora antes _____

1 hora después _____

← 2:00 p.m.   3:00 p.m.   4:00 p.m.   5:00 p.m.   6:00 p.m.   7:00 p.m.   8:00 p.m. →

Usa la línea cronológica de arriba. Resuelve.

3. Una película comienza a las 2:00 p.m.
Termina a las 5:00 p.m. ¿Cuánto dura la película?

_____ horas

---

4. Madison llega a la casa de una amiga a las 3:00 p.m.
Se va a las 7:00 p.m. ¿Cuánto tiempo se queda?

_____ horas

Resta para resolver. Muestra tu trabajo.

5. Will llega a la biblioteca a la 1:15 p.m.
   Se va a la 1:50 p.m. ¿Cuánto tiempo está
   Will en la biblioteca?

   _____ minutos

6. Andrew comienza a leer a las 3:20 p.m.
   Deja de leer a las 3:45 p.m.
   ¿Cuánto tiempo leyó Andrew?

   _____ minutos

¿Cuántos cucharones contiene el recipiente? Estima. Luego mide.

7.

   Estimación: unos _____ cucharones

   Medición: unos _____ cucharones

vaso de plástico

8. ¿Cuál es la diferencia en altura entre las plantas
   más cortas y las más altas?

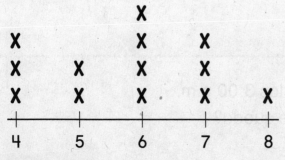

                                    ○   3 pulgadas

                                    ○   4 pulgadas

                                    ○   5 pulgadas

Altura de las plantas en pulgadas

                                    ○   6 pulgadas

P300 trescientos

Nombre _____

Modelos de fracción: Tercios y sextos

Pregunta esencial: ¿Cómo puedes identificar tercios y sextos?

Representa y dibuja

__3__ partes iguales o __3__ tercios

__6__ partes iguales o __6__ sextos

__I__ parte de 3 partes iguales o

__I__ tercio

__I__ parte de 6 partes iguales o

__I__ sexto

Comparte y muestra

Colorea las tiras. Muestra dos maneras de mostrar I tercio.

I.

2.

Colorea las tiras. Muestra dos maneras de mostrar I sexto.

3.

4.

Charla matemática   ¿En qué se parecen
3 tercios y 6 sextos?

Preparación para el Grado 3

Por tu cuenta

Colorea las tiras. Muestra dos maneras de formar 2 tercios.

5.

6.

Colorea las tiras. Muestra dos maneras de mostrar 2 sextos.

7.

8.

Colorea las tiras. Muestra dos maneras de mostrar 3 sextos.

9.

10.

RESOLUCIÓN DE PROBLEMAS EN EL MUNDO

Resuelve. Dibuja o escribe la explicación.

11. Un sándwich se corta en sextos. Tim se come dos partes del sándwich. ¿Cuántas partes quedan?

quedan _____ partes

ACTIVIDAD PARA LA CASA · Pida a su niño que haga un dibujo que muestre una rodaja de queso dividida en tercios.

Nombre _____

Modelos de fracción: Cuartos y octavos

Pregunta esencial ¿Cómo puedes identificar **cuartos** y **octavos**?

Representa y dibuja

__4__ partes iguales o __4__ cuartos   __8__ partes iguales o __8__ octavos

__1__ parte de 4 partes iguales o

__1__ cuarto

__1__ parte de 8 partes iguales o

__1__ octavo

Comparte y muestra

Colorea las tiras. Muestra dos maneras de mostrar 1 cuarto.

1.

2.

Colorea las tiras. Muestra dos maneras de mostrar 1 octavo.

3.

4.

Charla matemática   ¿En qué se parecen
4 cuartos y 8 octavos?

Por tu cuenta

Colorea las tiras. Muestra dos maneras de mostrar 2 cuartos.

5.

6.

Colorea las tiras. Muestra dos maneras de mostrar 3 octavos.

7.

8.

Colorea las tiras. Muestra dos maneras de mostrar 5 octavos.

9.

10.

RESOLUCIÓN DE PROBLEMAS EN EL MUNDO

Resuelve. Dibuja o escribe la explicación.

11. Una barra de pan se corta en octavos. Jake usa 2 partes para su almuerzo. Fran usa 3 partes para su almuerzo. ¿Cuántas partes de la barra quedan?

_____ partes

ACTIVIDAD PARA LA CASA · Pida a su niño que haga un dibujo que muestre una barra de queso dividida en cuartos.

Nombre _____

Comparar modelos de fracciones

Pregunta esencial ¿Cómo se usan los modelos de fracciones para hacer comparaciones?

cuarto	cuarto	cuarto	cuarto

medio	medio

I cuarto $<$ I medio

Comparte y muestra

Colorea para mostrar las fracciones. Escribe <, = o >.

I.

I medio	medio	medio

2 cuartos	cuarto	cuarto	cuarto	cuarto

I medio $\bigcirc$ 2 cuartos

2.

I cuarto	cuarto	cuarto	cuarto	cuarto

I octavo	octavo	octavo	octavo	octavo	octavo	octavo	octavo	octavo

I cuarto $\bigcirc$ I octavo

Charla matemática Mira las tiras de arriba. ¿Es I medio mayor o menor que 3 cuartos? ¿Cómo lo sabes?

Por tu cuenta

Colorea para mostrar las fracciones. Escribe <, = o >.

3.

1 tercio

tercio	tercio	tercio

1 sexto

sexto	sexto	sexto	sexto	sexto	sexto

1 tercio $\bigcirc$ 1 sexto

4.

3 sextos

sexto	sexto	sexto	sexto	sexto	sexto

1 medio

medio	medio

3 sextos $\bigcirc$ 1 medio

RESOLUCIÓN DE PROBLEMAS EN EL MUNDO

Resuelve. Haz un dibujo que muestre tu respuesta.

5. Barry corta una barra de queso en medios y se come un medio. Marcy corta una barra de queso en cuartos y se come un cuarto. ¿Qué niño comió más queso?

_____ comió más.

ACTIVIDAD PARA LA CASA • Pida a su niño que haga un dibujo que muestre un cuadrado dividido en cuartos.

Nombre _____

Revisión

Conceptos y destrezas

Colorea las tiras. Muestra dos maneras de mostrar 1 tercio.

1.

2.

Colorea las tiras. Muestra dos maneras.

3.

4.

Colorea las tiras. Muestra dos maneras de mostrar 2 cuartos.

5.

6.

Colorea las tiras. Muestra dos maneras de mostrar 4 octavos.

7.

8.

Colorea para mostrar las fracciones. Escribe >, < o =.

9. 1 medio

medio	medio

3 cuartos

cuarto	cuarto	cuarto	cuarto

1 medio ◯ 3 cuartos

---

10. 1 tercio

tercio	tercio	tercio

2 sextos

sexto	sexto	sexto	sexto	sexto	sexto

1 tercio ◯ 2 sextos

---

11. Una pizza tiene 6 porciones. Seis amigos comparten la pizza por igual. ¿Qué fracción de la pizza se come cada amigo?

○ 1 tercio

○ 2 tercios

○ 1 sexto

○ 2 sextos